TAUROMAQUIA:
UNA IMPUGNACIÓN
DESDE LA FE CATÓLICA

Gerardo López Laguna

TAUROMAQUIA: UNA IMPUGNACIÓN DESDE LA FE CATÓLICA

EDITORIAL ANAWIM, 2025

© Del texto, Gerardo López Laguna, 2025
© De esta edición, Editorial Anawim, 2025

Cubierta maquetada por María Giménez-Arnau
Web: mariagimenezarnau.com

ISBN: 978-84-128851-6-3
Dpto. legal: M-20726-2025

Editorial Anawim S.L.
CIF: B-10812618
C/Condesa de Venadito 17, 4ºD
28027 Madrid
Web: anawim.es
Información y propuestas: anawimperiodico@gmail.com

ÍNDICE

INTRODUCCIÓN

Consciente de que ya el propio título de esta reflexión puede suscitar controversias, lo reafirmo sin rubor alguno. Pero hay que aclarar... Una declaración antitaurina que brota del catolicismo no significa, viceversa, el afirmar que un partidario de esa fiesta no tenga fe. Pero sí significa que hay aspectos de la cosmovisión que origina esa fe que aún no ve, que no ha integrado. Por tanto, no se trata de descalificar personalmente a nadie. Obviamente, en un debate de este tipo, sí van a aparecer argumentaciones morales y espirituales de signo excluyente, es decir, situadas en un claro ámbito de bien y de mal. Pero la intención es hacer ver.

Aquí, por ejemplo, no se duda de la convicción religiosa de Falla (por poner un ejemplo entre miles), quien compone *La oración del torero* con unción y profundidad. Nuestra reflexión, que no va a eludir la polémica, quiere incidir en este «no ver», precisamente para motivar el oteo de otros horizontes, en los que se percibe una llamada surgida de la fe y formulada por la propia Iglesia magisterial a descubrir otra relación con el mundo animal. Una relación que en sí delata la ilegitimidad de «la fiesta».

El que intentemos argumentar desde una postura específicamente cristiana quiere mostrar asimismo y ante una acusación habitual, que nuestra posición no es sumisa de ideologías extrañas a la fe o directamente anticristianas. Pero tal independencia tampoco significa encapsulamiento, o una actitud sectaria: se pueden valorar —y acoger— intuiciones, ideas, indicaciones, intenciones, amores... de muchos lugares en cuanto se

7

corresponden con la verdad. Aquí viene al caso acudir a aquella rotunda afirmación pronunciada por Santo Tomás respecto a la verdad: «la diga quien la diga viene del Espíritu Santo». O a San Juan XXIII, con aquella distinción suya entre la legitimidad de atender una causa, un reto en favor de los hombres, la denuncia de lo que está mal, acogiendo luces de quienes lo han reconocido como tal reto y, a la vez, discernir incluso en clave de rechazo sobre las fundamentaciones filosóficas en que en determinados casos se ha sustentado primeramente tal combate.

... De todos modos y en nuestro caso, realmente lo tenemos fácil: para quien quiera escuchar, hay testimonios en la historia de la espiritualidad cristiana clamorosos en relación a este vínculo misterioso del ser humano con las demás criaturas, y hay —sobre todo—, un corpus magisterial extenso y profundo pronunciado de modo insistente por los tres antecesores de León XIV: San Juan Pablo II, Benedicto XVI y Francisco. Es cuestión de aplicarlo, con valor, sin prejuicios, de modo firme y sereno, a este caso, la tauromaquia.

Esto debería ser también fácil... pero no lo es. Por medio está un apasionamiento muy pronunciado que no duda en usar de términos y conceptos totales de sabor religioso o religiosos sin más. Y un sacro-nacionalismo expresado en la existencia de «la fiesta» que no admitiría discusión alguna, con la no velada acusación de traición a quien lo cuestione. Además de populismo, tradicionalismo y unas cuantas ideologías más. Cómo confrontarse con quien se pregunta retóricamente: «¿Hay algo, si prescindimos de la religión, que haya entrado más adentro en el alma española que los toros?»[1], y se entrega al entusiasmo al explicar que «estando el ambiente tan saturado de hazañas taurinas, tan excitado el deseo por nuevas y más audaces fiestas, tan llena la imaginación de símbolos y referencias y metáforas y comparaciones alusivas a los toros, que tan perfectamente comprendía todo el pueblo, por

---

[1] P. Julián PEREDA S.J., *Los toros ante la Iglesia y la moral* (Ed. El Mensajero del Corazón de Jesús, Bilbao 1965) 23

necesidad la literatura y la poesía habían de tener también algo así como su apartado taurino para llegar más al alma del pueblo»[2]

Hablamos ciertamente de apasionamientos y de prejuicios fomentados como pretendidas razones para defender la tauromaquia... Pasiones muy fuertes... Si yo mismo, escribiendo contra esta práctica y su espíritu desde un posicionamiento cristiano, tuviera un apellido centroeuropeo, lleno de zetas y uves consecutivas, de «ns», «y», «k»... bueno, se me podría perdonar, podrían aducir que «el pobre» —es decir, yo— no conoce la idiosincrasia española, el temple español, la sangre española, y todas esas rocas bio-espirituales, racial-racistas, con que los pueblos —en este caso, el español— se definen a sí mismos para *demostrar* que son, no distintos, sino mejores que los demás pueblos... El problema es que no tengo esos apellidos: me llamo López. Por lo tanto, para ciertos taurófilos (para muchos de modo no confesado), tengo que ser un traidor a la patria, un amargado que busca —inventa— basura para atacar a las glorias patrias, un enemigo del pueblo, de las sanas tradiciones que lo conforman y lo expresan, un vendido al globalismo uniformador... e incluso un hereje: un «animalista» que niega sobrenaturalidad al ser humano.

Ciertamente hay mucha pasión en este debate. Los vientos que se van aproximando a gran parte de nuestras sociedades nos hablan otra vez de muy probables escenarios en que, a derecha e izquierda, sus habitantes se maten entre sí de nuevo... Curioso sería el terminar colgado de un árbol, pero quizá no por los otros escritos de mi autoría. Acudiendo a estos escritos, motivos tendrían para el linchamiento, también a derecha e izquierda: por ejemplo, en el cartelito que indicara la acusación podría figurar un «amigo de los moros» o un «defensor de judíos», «amigo de los musulmanes», «antimilitarista», «calumniador de la policía», «rojo anticapitalista»... O si me trincaran los otros, el cartelito podría tener estos lemas: «enemigo del aborto», «propagador de supersticiones», «meapilas enemigo de la libertad de expresión», «negacionista del lenguaje inclusivo (¿cómo están *todes*?)»... Ahora bien, tras este escrito «antitaurino», es más probable que en vez del muy sureño y muy

---

[2] Ibid, p.24

9

honroso «amigo de los negros», mi fiambre bamboleante portara como lema un «enemigo de *los toros*» que hiciera comprender a los espectadores la gravedad última de la acusación y la tremenda justicia consecuente. Sí, ciertamente hay mucho apasionamiento aquí.

Ya fuera de bromas —o quizá no sean bromas—, en este breve estudio queremos abordar diversas cuestiones que concurren en la llamada fiesta nacional, tales como la relación del ser humano con el misterio del mundo animal (todo el capítulo 1 se centra en estos fundamentos), así como la no menos misteriosa llamada al corazón del hombre ante el sufrimiento de los animales. Después nos centraremos en las razones de los taurófilos para defender la licitud y la bondad de la práctica. Repasaremos también sus acusaciones a nosotros, los críticos. Las diversas enseñanzas que nos deja la larga historia de la controversia nos ocuparán inmediatamente. Todos estos aspectos nos van a servir para introducir nuestras objeciones y nuestras propuestas, de modo que se perciba a lo largo de la lectura de esta reflexión todo el calor del debate y la firmeza de la denuncia… expresada también con pasión pero cimentada en razones espirituales profundas.

Es éste un debate de permanente actualidad. Por lo menos, mientras dure «la fiesta»; y acaso después de que fuera sepultada entre los recuerdos de la historia, porque aleccionaría sobre aspectos cruciales de las profundidades y complejidades del ser humano y su inserción en el universo.

De tanto en cuando ha asomado esta polémica con ciertas virulencias públicas acentuadas… En 1988 con ocasión de unas iniciativas prohibicionistas protagonizadas por algunos eurodiputados extranjeros. Años después, en el marco del conflicto catalán, por la decisión abolicionista propuesta por la Generalitat y aprobada en el Parlamento de Cataluña. Hace poco por la promulgación de ciertas leyes de protección animal… Esta polémica, sin embargo, no está condicionada por esas circunstancias. Ciertamente estas decisiones legales, o tentativas de las mismas, acaloran el debate en momentos concretos, pero que existe con carácter de permanente es también indudable: sólo basta hablar de ello para que se enciendan los ánimos. Hablemos pues, y con los ánimos encendidos que se ponga de relieve lo que haya en los corazones. Para alimentarlo, para matizarlo o corregirlo... o para sanarlo.

Salud.

Cap.- 1.
FUNDAMENTOS:
LA CUESTIÓN ECOLÓGICA,
LOS ANIMALES Y LA IGLESIA

«Signo de los tiempos»

No es éste el lugar para discutir sobre las reacciones venidas desde ciertas ideologías pujantes en el mundo, que niegan o relativizan con tonos ridiculizantes la existencia de esta «cuestión ecológica» como problema. Sólo constatar que esas ideologías también atraviesan el alma de muchos hijos de la Iglesia, se hacen *cuerpo* en el interior de esta Iglesia, corriente de opinión... No pocos de los ataques sufridos por el papa Francisco de parte de muchos de estos hermanos tenían como uno de los motivos fundamentales el grito constante de alerta y las indicaciones magisteriales, espirituales, del Pontífice en referencia a esta cuestión... Y sin embargo, Francisco lo único que hizo fue recoger como legado doctrinal las enseñanzas persistentes de sus antecesores y continuar su desarrollo.

Efectivamente, la Iglesia ha reconocido en las situaciones denunciadas por el movimiento ecologista nacido vagamente en el siglo XIX occidental y desarrollado con vigor tras la Segunda Guerra Mundial en este occidente, un «signo de los tiempos». En este reconocimiento, la Iglesia ha recibido luces poderosas para el redescubrimiento de una Tradición inserta en su propio ser, así como para la recepción de los destellos de verdad, del esplendor de la verdad donada por el Espíritu al alma de hombres y mujeres de otras tradiciones religiosas y de las viejas culturas originarias impregnadas de misticismos cósmicos y de no pocas nociones sobrenaturales sobre el ser de Dios y su obra.

Atender un «signo de los tiempos» no es ese «ajustarse al siglo», al «mundo», que denuncia la Escritura como esclavitud espiritual, sino recibir una misión. Efectivamente, el perenne malestar ontológico que se manifiesta en la humanidad —siempre en camino, siempre inacabada, siempre en tensión por la presencia del mal, del error y de la carencia—, se expresa exteriormente cuando algunos señalan una injusticia, un desajuste en las relaciones humanas, o un deseo de mejorar, perfeccionar, desarrollar lo que ya va encaminado según el bien, la verdad, el amor, la belleza...

La cuestión ecológica es un signo de los tiempos. Acogido por la Iglesia, le pese a quien le pese. Sobre todo, a quienes viven esto al interior de la Iglesia como un peso y una claudicación.

El Mensaje para la Jornada Mundial de la Paz de 1 de enero de 1990, fechado el 8 de diciembre de 1989, titulado «Paz con Dios y con toda la creación», cuyo autor fue San Juan Pablo II, es crucial para entender hasta qué punto el Espíritu indicaba a las Iglesias de Dios su responsabilidad en la consagración de unos combates contemporáneos que, en general, habían nacido fuera de los contornos visibles de la Iglesia. Este documento excepcional —y arrinconado, olvidado o sencillamente desconocido por millones de católicos *ilustrados*—, es como un compendio de las causas, de los frentes de lucha que ha establecido el ecologismo contemporáneo. El Papa, desde una mirada a la Escritura e incidiendo en que esta cuestión tiene que ver, absolutamente, con la responsabilidad espiritual y moral de los seres humanos, aterriza en esas causas concretas. Y las propone, primero a los cristianos, y después a todo hombre o mujer que camina en la tierra, como causa propia e insoslayable.

Este documento magisterial desgrana, entonces, los frentes de lucha... tecnolatría e industrialismo ajenos a la armonía ecológica, urbanismos mastodónticos y desintegrados, contaminaciones de todo tipo, residuos, alteraciones en el clima, «efecto invernadero», despilfarros energéticos, deforestaciones, deterioros agrarios y migraciones forzadas, catástrofes *naturales* provocadas por estos dinamismos, explotación de recursos incontrolada, manipulaciones genéticas ajenas a los equilibrios vitales... El documento habla de la tierra como de una «herencia común». «Casa común» la llamará Francisco años más tarde. San Juan Pablo II condensaba en aquel breve escrito todo este drama: lo vinculaba a la pobreza y el hambre, al comercio injusto, la explotación y la deuda, al armamentismo y la guerra, al peligro de hipotecar el futuro de los hermanos. Y hablaba de amor, de solidaridad, de alternativas, de educación ecológica, del cuidado de la dimensión estética de la creación, de interdependencias pacíficas, de derecho humano a una naturaleza armónica... Hablaba de la relación del hombre con Dios.

Como no podía ser de otra manera, el Papa acogía al interior de este signo de los tiempos el drama de la relación desintegrada del hombre con los animales. Allí se hablaba de la «destrucción incontrolada de las especies animales», del «desarrollo irreflexivo de nuevas especies de plantas y formas de vida animal», y se recordaba de esta manera la Carta Apostólica *Inter sanctus*, en la que en 1979 San Juan Pablo II proclamaba «Patrono celestial de los ecologistas» a San Francisco de Asís:

«Ofrece a los cristianos el ejemplo de un respeto auténtico y pleno por la integridad de la creación. Amigo de los pobres, amado por las criaturas de Dios, invitó a todos — animales, plantas, fuerzas naturales, incluso al hermano Sol y la hermana Luna— a honrar y alabar al Señor»

Huelga aquí enumerar los documentos magisteriales, alocuciones, discursos, etc, en los que los Papas se han pronunciado una y otra vez sobre esta cuestión ecológica y sus aspectos concretos. No son intervenciones *moralistas*, ni un contemporizar calculado, sino que parten de la Sagrada Escritura, se adentran en la teología espiritual, desembocan en la teología moral y acogen como suyas las intervenciones venidas de quien fuere en las que se reconoce la verdad. Huelga enumerarlas, entre otras cosas porque son incontables. Todo un cuerpo magisterial del que hay quien quiere prescindir.

Aún recuerdo los comentarios de una revista católica de la cual no revelaré el nombre por innecesario y por respeto a las buenas aportaciones que hayan hecho y que hacen. De la mano de algún conservador aparecían en la revista unas burlas aceradas contra unos moralistas del ala progresista porque se afanaban detallada y escrupulosamente para que las velas que se usaran en las iglesias fueran ecológicas. Había ciertamente ausencia de espontaneidad sobrenatural en esta pretensión; lo delataban los modos y el fondo justificador... Pero los inquisidores que se burlaban de ello... Bueno, en la misma revista que pontificaba sobre la quisquillosa moralina de los otros poco después aparecía una página entera de publicidad pagada con estas características: Navidad, Corte Inglés, Modelo femenino, Abrigo de pieles... Es decir, Babilonia enterita expuesta en una revista católica. Esto caracteriza al alma del inquisidor, quien rebusca atentados contra el espíritu desde un plegarse vergonzosamente a otros atentados contra el espíritu.

En referencia concreta a los animales y a San Francisco, también recuerdo la indignación de un sacerdote en una homilía parroquial con ocasión de la fiesta litúrgica del *Poverello*. El hombre intentaba reivindicar como mensaje el seguimiento de Jesucristo, el amor a Él que constituyó toda la vida conversa de Francesco. Pero lo hacía convirtiendo el mensaje en algo excluyente... El sacerdote, enfadado, hacía alusión a los ecologistas de modo despreciativo, como si el relacionar a San Francisco con los empeños ecologistas deshonrara al santo, y llegaba a burlarse de aquello de «hermano» y «hermana» en referencia a las criaturas, como si fueran añadidos edulcorados y falsos que contradijeran a lo que es el mensaje radical de San Francisco: el seguimiento de Jesucristo... Claro, este cura probablemente ignorara por falta de interés aquella proclamación hecha por otro santo, aquello de «Patrono celestial de los ecologistas». De los ecologistas: sin equívocos; es decir, un implorar mediación celeste para que sus afanes sean fructíferos y se purifique lo que haya de ser purificado. El cura, además y en su indignación, también parecía ignorar que lo de «hermano» y «hermana» es factura del propio Francesco, enfatizado y universalizado por sus primeros hagiógrafos, Celano y San Buenaventura (otro santo); y que

16

Jesucristo es «primogénito de las criaturas, y que «todo ha sido creado por Él y para Él»...

Ciertamente hay resistencias al interior de la Iglesia. Si lo hacemos constar aquí de un modo expreso es porque, como luego veremos, en las críticas a los antitaurinos y en la defensa de la tauromaquia, encontramos de modo relevante el ideologismo conservador de matriz católica, que tiñe de religiosidad tradicional a la propia fiesta y otras costumbres similares. En ello vemos una de las muestras de que el magisterio ecologista de la Iglesia —que tiene autoridad propia, dimensiones propias y matices propios— no ha sido integrado por muchos hermanos.

Como luego también veremos, hay una actitud que equivoca en este campo y en otros muchos el auténtico *lugar teológico*: ignorando la distinción que hacía San Juan XXIII, a la que hemos aludido en la introducción, se empeñan en identificar las causas de combate que surgen en la historia, con el ropaje filosófico que les ha dado forma e incluso impulso para nacer. Así ha ocurrido históricamente con el movimiento obrero, con los independentismos anticolonialistas, con los derechos de la mujer... y ahora con el movimiento ecologista. En vez de situar el lugar teológico respectivamente según estos ejemplos, en la denuncia de la opresión y la dignidad conculcada del trabajo, en la libertad y la solidaridad de los pueblos diversos y la condena de las conquistas y el latrocinio, en la denuncia de la infantilización y la esclavización de las mujeres, o posteriormente en el combate contra la destrucción de la creación de Dios... situaron y sitúan sus afanes en denunciar los «errores socialistas» y similares, en identificar la farsa de los movimientos imperialistas *civilizatorios* con la evangelización porque los sometidos estarían siendo pervertidos por «religiones falsas», en equiparar absolutamente las denuncias feministas con la destrucción de la familia y con antropologías sexuales erradas... Ahora, con el movimiento ecologista en general y con los defensores de los animales en particular acontece lo mismo: rebusca de herejías fundida con ceguera ante las denuncias... como si la destrucción ecológica no existiera o fuera un tema menor, sin importancia, y como si la crueldad gratuita con los animales careciera de relevancia espiritual.

La consecuencia de esta actitud previa, de este errar el lugar teológico, es la defensa a capa y espada —nunca mejor dicho— de ciertas costumbres, tradiciones, modos de entender la vida, tal cual están. Para este género de taurófilos esto equivale a defender la tauromaquia como la verdad frente al error.

Hombre y animales, juntos frente a Dios

Ciertamente y de modo exacto, para un cristiano el encuentro con el mundo animal se sitúa en el terreno del misterio, de aquello que nos produce sagrado estupor. Porque nos habla de Dios, porque nos muestra a Dios, y porque en una circularidad sobrenatural contemplamos lo que nos rodea bañado de luz celeste. Entonces, no es sólo que las criaturas muestren la presencia de Dios, como dice la Escritura, sino que, en Dios, en su Espíritu, desde Él, podemos entonces de un modo descendente percibir el auténtico ser de estas criaturas, su vínculo con la obra de Dios, su ser lenguaje divino, su ser intrínsecas al ser humano.

Concuerdan Escritura, Tradición y Magisterio, según sus propios ámbitos y alcances. Estas referencias sagradas interdependientes, gestantes, en desenvolvimiento y desarrollo… hasta la Verdad plena, muestran una concordancia que nos habla de una relación misteriosa con las criaturas… Aquello de San Bernardo: «cree las palabras de quien lo ha experimentado; hallarás en los bosques algo más que en los libros. Los árboles y los pedruscos te enseñarán cosas que no podrás aprender de labios de ningún maestro»… El santo bebe espiritualmente de la creación porque en ella se manifiesta Dios. Es el mismo espíritu que se manifiesta en otro cristiano, de un contexto absolutamente diferente: Gaudí. O, por poner otro ejemplo entre miles, el espíritu que se percibe en la «espiritualidad floral» de los poemas de Sor Marcela de San Félix, trinitaria descalza, hija natural de Lope de Vega, que ve a la naturaleza como «espejo de la providencia y hermosura de la divinidad». Santa Teresa nos dice que Dios se le mostró en las criaturas; se asombró… y la experiencia le fue confirmada por un dominico, «lo que me consoló harto». En los escritos de San Agustín esta imagen se repite:

«Pregunta a los animales que se mueven en el agua, que habitan la tierra y vuelan en el aire (…) Pregúntales. Todos te responderán: "Contempla nuestra belleza". Su hermosura es su confesión»[3]

Es una certeza revelada, como hacía notar San Juan Pablo II hablando del «compromiso por evitar la catástrofe ecológica»: «El libro de la Sabiduría, evocado por San Pablo, celebra esta presencia de Dios en el universo recordando que "de la grandeza y hermosura de las criaturas se llega, por analogía, a contemplar a su Autor" (Sb 13,5; cf Rm 1,20). Es lo que canta también la tradición judía de los Chassidim: "Dondequiera que yo vaya, Tú; dondequiera que yo esté, Tú…, dondequiera me vuelva, en cualquier parte que admire, sólo Tú, de nuevo Tú, siempre Tú"»[4]

Una relación con las criaturas que se especifica de un modo único con el mundo animal, y de un modo aún más expresivo con los animales en los que el hombre descubre unas afinidades desconcertantes.

No es éste el lugar para profundizar sobre esta relación misteriosa, pero sí para hacerla constar en la medida en que estas referencias van a determinar nuestra postura ante la tauromaquia. Brevemente pues, vemos que la Escritura vincula al hombre con los animales en relación a la vocación última de este hombre.

Los relatos del Génesis muestran un primer vínculo estrecho, una afinidad, cuando se nos dice que hombre y animales terrestres son creados el mismo día, el sexto, día culmen de la creación. Un vínculo espiritual se explicita en ese poner nombre a los animales, en el que el hombre se muestra como reflejo, imagen, del Creador —pues dar nombre es dar ser en el contexto simbólico semita—. Representante, pues, de Aquel que ha dicho de todas las criaturas que son algo bueno.

---

[3] SAN AGUSTÍN, Homilía 241: 2-3. PASCUA
[4] *Catequesis* (17-1-2001)

Tras el desorden universal producido por el pecado y el diluvio consecuente, Dios establece una alianza con los hombres y con los demás vivientes —salvados en la misma Arca—, una alianza que pone en plano de relación *igualitaria* frente a Dios a hombres y animales. En los Salmos —donde los animales por su propia existencia dan gloria a Dios—, también se manifiesta esta relación. Decía San Juan Pablo II tras afirmar que «los animales poseen un soplo de vida recibido de Dios», que «el hombre, salido de las manos de Dios, resulta solidario con todos los otros seres vivientes, como aparece en los Salmos 103 y 104, donde no se hace distinción entre los hombres y los animales»[5]. Y en el libro de Job, Dios advierte contra el orgullo hablándole de animales, de alguna criatura asombrosa como el *behemot*, el hipopótamo, «a quien he creado como a ti».

La relación, el vínculo, hará que hombres y animales sean solidarios en la vida del espíritu. Así, en el relato de Jonás, hombres y animales tendrán que hacer penitencia… Los animales servirán de modelo a los hombres para explicar cómo es Dios… un águila que transporta a sus polluelos sobre sí[6], un león fuerte contra los enemigos, un cordero que se deja matar, una gallina que acoge a sus pollos bajo sus alas, una paloma venida del cielo… y cómo es esta relación de Dios con el hombre y del hombre con Dios… una cierva sedienta que busca agua, un onagro desatado por Dios, una gacela embellecida, la diligencia y sabiduría de las hormigas, el pajarillo que es liberado de la red del cazador, el fortalecimiento donado al búfalo, el conocimiento de los tiempos de Dios de las cigüeñas, las tórtolas y las golondrinas, el cuidado de Dios por los débiles gorriones, por las pequeñas orugas…

---

5 *Alocución dominical* (14-1-1990)

6 Sobre esta sorprendente imagen y muchas otras intervenciones asombrosas de animales en la Escritura versa un interesante y ameno libro de divulgación que intenta aclarar significados y muestra descubrimientos recientes que avalan la verdad física de algunas narraciones y ejemplos simbólicos que siempre habían sido considerados como hechos inverosímiles: Vitus B. DRÖCHER, *…y la ballena devolvió a Jonás a la playa* (Planeta, Barcelona 1988)

Los animales serán signo ambivalente de bendición y de maldición, de obediencia a Dios y de alejamiento de Él. Los hombres aprenderán a identificar sus propias actitudes espirituales observando las conductas animales, conversas en símbolos, pero la relación con los animales también será un medidor de estas actitudes: respeto y atención, o crueldad con ellos como signo de maldad humana. Así en el libro de los Proverbios: «El justo conoce las necesidades de su ganado, pero las entrañas del malvado son crueles» (12,10).

Los animales son testigos también de la inauguración de los tiempos mesiánicos; presentes en el momento del nacimiento de Jesús, y presentes al inicio de su misión... «permaneció allí cuarenta días, siendo tentado por Satanás. Estaba entre los animales del campo y los ángeles le servían» (Mc 1,13). Y son signo de la consumación de este tiempo mesiánico. Signo y actores, como se lee en Isaías: «Me glorificarán las bestias salvajes, chacales y avestruces, porque pondré agua en el desierto» (43,20)...

Precisamente la armonía entre los hombres y los animales se convierte en símbolo, modelo, de lo que será el reino futuro: «haré para vosotros un pacto aquel día con las bestias del campo, las aves del aire y los reptiles de la tierra» (Os 2,18). Una armonía que abole los dinamismos de sangre del tiempo presente («nadie hará daño, nadie hará mal» Is 11,9), como se ve en las descripciones mesiánicas del primer Isaías, en que los animales enfrentados a muerte entre sí para sobrevivir conviven en paz y los niños los pastorean o juegan con los más peligroso de entre ellos (cf Is 11,6-9).

La doxología del Apocalipsis en que todas las criaturas del cielo y de la tierra, del mar, de debajo de la tierra glorifican a Dios y al Cordero (Ap 5,13) está anunciada como visión —y como misión— en la Escritura. Esto es lo que se dice en la Carta a los Efesios: que en Cristo será recapitulado todo, lo del cielo y lo de la tierra; es lo que se anuncia en la Carta a los Romanos, donde se describe a la creación entera gimiendo con dolores de parto, esperando la redención, asociada ontológicamente al destino de los hijos de Dios. «Nuevos cielos y nueva tierra», es decir, las criaturas todas como partícipes de la salvación, como expresión de las intimidades últimas de la Encarnación, cuya extensión es total.

El vínculo definitivo y las aproximaciones antrópicas

La acumulación de referencias que la Escritura muestra sobre la relación del hombre con el mundo animal no es una casualidad, ni algo irrelevante respecto a la vida espiritual de este hombre peregrino en la historia. Las referencias que hablan del mundo futuro no son reducibles a mero simbolismo en que para resaltar la paz venidera se usa como contraste la imagen de conflicto en la naturaleza que enfrenta a animales entre sí y al hombre con los animales. Si la tentación reduccionista en este sentido nos puede asaltar contemplando las imágenes mesiánicas debidas a los profetas, cuando atendemos a la revelación presente en las cartas paulinas y en el Apocalipsis, vemos que allí se anuncian realidades, no figuras simbólicas de otras realidades. Realidades inefables, pero realidades: las criaturas todas perviven de un modo nuevo y con ello dan gloria a Dios, la liberación de los hombres supone la liberación de la creación —no su extinción definitiva—, la liberación de todos esos seres vivientes que alaban a Dios junto al hombre en los nuevos cielos y la nueva tierra. Estos vivientes no sólo están *en* el hombre, recapitulados en él, sino en el realismo estrictamente inimaginable de la resurrección de la carne, lo que significa resurrección de los hombres en un mundo de relaciones con la creación renovada. Relaciones corpóreo-espirituales, o espíritu-corpóreas, plenas y eternizadas.

Este vínculo definitivo y transfigurado, no conceptualizable con claridad en la era presente, sin embargo se nos muestra como certeza. Es cuando intentamos concretar o aplicar esta certeza que nos topamos con nuestros límites. Se cuenta que San Pablo VI consoló a una niña a la que se había muerto su perro con estas palabras: «no te preocupes, que volverás a encontrarlo en el cielo»… Parece un arranque de espontaneidad que hace pensar en una suerte de inspiración, unas palabras destinadas a provocar reflexiones y profundizaciones en relación a la íntima relación del hombre con los animales y que recibidas desde ciertos moldes fueron y son un quebradero de cabeza para muchos teólogos que quizá confían demasiado en lo que dan de sí los silogismos controlables.

En consonancia con San Pablo VI estaba, por ejemplo, San Carlo Acutis. Este hermano, de una profundidad asombrosa y muerto a los 15 años, había acogido, por supuesto, estas enseñanzas venidas del Espíritu que sitúan el drama ecológico en su verdadero plano, el espiritual, el definitivo:

«La indiferencia ante los desastres ambientales que involucran a toda la creación, de los cuales el hombre es la primera víctima, fue para Carlo el espejo de una humanidad cada vez mas alejada de Dios, que rechaza su amor (…) Carlo me confió mientras estábamos en Asís, que, contemplando la creación, la naturaleza, el cielo, las estrellas, los animales, se conmovía porque le recordaban a Dios y su grandeza»[7]

Como no podía ser de otra manera, San Carlo Acutis tenía un vínculo especial con los animales, «una especial atención y sensibilidad hacia los animales»[8]. El *anecdotario* al respecto es amplio… perros, lagartijas, insectos… salvados, respetados… Tras revelar que varias personas habían soñado con Carlo junto a algún perro concreto que ya había muerto, el libro nos dice que «después de todo, Carlo, ya en vida, estaba seguro de que los animales no terminarían en la nada»[9]

Ya con rango magisterial sí se ha enseñado que el vínculo que nos une a las criaturas —y que ha hecho posible según el plan de Dios nuestra propia existencia como tal humanidad— persistirá en el mundo futuro:

«La Sagrada Escritura nos enseña que el cumplimiento de este diseño maravilloso no puede no interesar también

---

[7] Antonia Salzano Acutis con Paolo Rodari, El secreto de Carlo Acutis. Por qué mi hijo es considerado un santo (Ed. San Pablo, Madrid 2022) 256.263
[8] Ibid., p.245
[9] Ibid., p.262

todo aquello que nos rodea, y que ha salido del pensamiento y del corazón de Dios. El apóstol Pablo lo afirma explícitamente cuando dice que también "la creación será liberada de la esclavitud de la corrupción para participar de la gloriosa libertad de los hijos de Dios". Otros textos utilizan la imagen de "cielo nuevo" y la "tierra nueva", en el sentido de que el universo será renovado y liberado de una vez para siempre de todos los rastros del mal y de la misma muerte»[10]

Esta enseñanza, la certeza de una «nueva creación, humana y cósmica»[11], presente en el Catecismo de la Iglesia Católica, repetida en varias ocasiones por Francisco[12] y sus antecesores, nos revela que este vínculo indisoluble en la eternidad no sólo opera ya en la tierra, sino que, como hemos dicho más arriba, es condición de nuestro ser: estamos hechos de tierra, de barro, de universo; nuestro cuerpo está vinculado esencialmente al cosmos y particularmente a los cuerpos animales… nuestro cuerpo conforma una unidad sustancial con lo que llamamos alma, es decir, nuestra íntegra condición personal está unida a las criaturas y en este misterio de fraternidad cósmica contemplamos unas aproximaciones al hombre, un dinamismo de aproximación antrópica que se revela con claridad creciente en nuestra relación con determinados animales. Algunos de ellos, verdaderos primos genéticos nuestros.

El vínculo se revela en todas las dimensiones del ser humano: en la biología, en el mundo de los afectos… y en la vida espiritual, que recapitula en sí a las demás dimensiones, constitutivamente abiertas. Si la expresión inefable del vínculo futuro es signo de una reconciliación plena y una recreación eterna, esto significa una misión en la era presente. Tatiana Goricheva, en *Hijas de Job*, nos muestra cómo la plenitud de la redención plasmada en María, es decir, el anticipo de lo que Dios promete a todos, tiene

---

[10] FRANCISCO, *Catequesis* (26-11-2014)
[11] SAN JUAN PABLO II, *Audiencia general* (31-1-2001)
[12] Por ejemplo, en el *Mensaje para la Cuaresma* de 2019

como signo esa fraternidad cósmica representada en los humanos que se reconcilian con los animales ya en esta tierra. María, que es plenitud de la participación en la humanidad del Verbo, es el «tipo», la guía de actitudes:

«En los iconos consagrados a la Madre de Dios puede verse cómo protege con su manto a todas las criaturas bajo el cielo, a los animales que saltan alrededor, a los pájaros que cantan, a los peces que surcan el agua. "En ti, oh Bendita, se gozan todas las criaturas", dice uno de estos santos iconos. La *Panagia*, la enteramente santa, restablece la relación paradisíaca originaria que existía entre el reino animal y el hombre»[13]

Esta reconciliación futura que restablece y eleva el plan original de Dios, se revela en germen en los reconocimientos paulatinos sobre el parentesco con la creación a los que el hombre asiente. En este hombre se integran dimensiones cósmicas y dimensiones trascendentes, cuya relación entre sí no está separada con empalizadas... La sexualidad humana, donde se funden los dinamismos corporales visibles en otras criaturas, con el amor espiritual. O la comida, por ejemplo, que no es sólo una función fisiológica individual, sino una comunión universal en que se recibe vida. Universal en todos los sentidos; físico y espiritual. Por eso, el «dadles vosotros de comer» se revela misión espiritual que actualiza esa comunión universal, y la eucaristía es «verdadera comida» que alimenta el espíritu mediante el dinamismo corporal del comer Y el alimento de los vivientes es la propia creación: plantas y animales son sustento de animales y de hombres, son fuente de vida, de sus

---

[13] Tatiana GORICHEVA, *Hijas de Job* (Herder, Barcelona 1989) 147. El papa Francisco, en la Exhortación Apostólica Postsinodal *Querida Amazonia*, en la oración conclusiva dirigida a María, imploraba su intercesión por los hombres y mujeres de aquellas culturas, por los pobres ultrajados, y con el mismo espíritu le pedía que se mostrase «como madre de todas las creaturas, en la belleza de las flores, de los ríos, del gran río que la atraviesa y de todo lo que vibra en sus selvas. Cuida con cariño esa explosión de hermosura».

muertes brota la vida... Un motivo paradójico de respeto a los animales que van a ser nuestro sustento, algo que entendían, por inspiración del Espíritu, diversas culturas de las naciones indias, cuando agradecían al Creador el éxito en la caza y daban las gracias de modo ritual a los animales cazados que servirían de alimento a su pueblo, y de vestido y de calor y de hogar... El reconocimiento del vínculo entre hombres y animales no abole sus problemáticas. Efectivamente, el vínculo se muestra en estas aproximaciones antrópicas de que hablamos y en las que el hombre percibe afinidades inauditas con ciertos animales... pero este vínculo con el mundo animal muestra diferencias de grado y de esencia que contienen un mensaje. El hombre puede admirarse por la arquitectura de ciertos organismos, por la inserción de los seres en un gran orden con relaciones internas *infinitas*, que produce asombro y en el que con más asombro todavía nos vemos asimismo insertos... pero este hombre no puede establecer relaciones afectivas con estos seres vivientes, no puede *reconocerse* en ellos. Otros vivientes, en el actual estado existencial, representan para el hombre una amenaza, una fuente de peligro vital, o el origen de enfermedades, de desequilibrios que quiebran las fuentes de sustento del propio hombre. Otros están íntimamente relacionados con la imagen de la muerte y de lo que anuncia y acompaña a la muerte: el hedor, la oscuridad, la enfermedad, la descomposición, la suciedad, ciertas humedades... Determinados gusanos y otros seres similares, ratas, etc.

Es decir, cuando hablamos de este vínculo entre hombre y animales, no nos situamos en un lirismo alejado de los retos de comprensión que muestra tal vínculo. Un reto que nos desborda ya de modo absoluto cuando intentamos pensar en el posible estatuto futuro —si lo hubiere— de todas estas criaturas *alejadas* del hombre a las que acabamos de aludir. Un estatuto que incluso para lo relacionado con el solo hombre es un enigma sobre el «cómo»: aparte de las actuales desproporciones, fealdades y carencias expresadas en los cuerpos individualmente considerados, su cuerpo —el del hombre— es en esencia como es debido a necesidades y facultades ligadas al tiempo presente, al devenir, al desarrollo, a la debilidad. Gráficamente hablando, un cuerpo que es como es porque come y descome... Un cuerpo del que, sin embargo, se anuncia una resurrección.

Decíamos que hay diferencias de grado y de esencia; de ahí proviene el concepto de aproximación antrópica. Diferencias de esencia: quien quiera ver sólo una distancia de grado entren la *psicología* de un pez y la psicología de un chimpancé... allá él y sus apriorismos fabricadores de una falsa seguridad en la custodia de la singularidad humana. Este criterio de proximidad determina actitudes. Konrad Lorenz, con su peculiar sentido del humor, escribía que a quien sintiera lo mismo cortando vivo a un perro que cortando viva a una lechuga le aconsejaba el suicidio lo antes posible.

El ser humano, cuando ha querido ver, cuando ha querido tener una actitud previa receptiva, siempre se ha asombrado de las capacidades de ciertos animales, en las que reconocía, lo formulase así o no, actitudes humanas, no símbolos de las mismas. Ahora, con las aportaciones de la etología respecto a mamíferos superiores, no sólo el asombro se redobla, sino que somos impelidos a repensar el ser animal, y a repensar ciertas autodefiniciones del propio ser humano que se revelan como pobres porque asignaban al hombre una serie de facultades exclusivas y excluyentes que luego se han descubierto en algunos animales... revelando que el vínculo muestra aproximaciones agudas y, paradójicamente, que el propio hombre es un misterio inaprensible.

El asombro siempre ha estado presente en algunos hombres. Orígenes, con una visión muy limitada y condicionada al respecto, observaba no obstante en algunos seres percepción psíquica y una suerte de capacidad para la intuición espiritual. Escribía que «el instinto que existe en los perros de caza y en los caballos de guerra, se acerca, si se me permite decirlo, a la razón misma»[14]. Teófilo de Antioquía, a fines del siglo II, San Basilio el Grande, en el siglo IV, San Juan Clímaco, entre los siglos VI y VII, y otros muchos iban más allá... De un modo no sistematizado en conceptos controlables, contemplaban admirados a los animales en

---

[14] ORÍGENES, *Tratado de los principios*, Libro III, 1,3

los que percibían facultades espirituales tales como alegría, pena, lealtad, emociones, afectos...

Los intentos conceptualizadores de Santo Tomás de Aquino no resolvieron el misterio. En las palabras del propio santo ya encontramos una buena runfla de preguntas, más que de respuestas definitivas. Cuando habla, por ejemplo, del orden angélico, de su poder sobre los dinamismos creados, del influjo sobre los «sentidos internos» de los animales: «imaginación» y «memoria»... Santo Tomás admite en los animales sentimientos y afectos, y una cierta inteligencia práctica, unos juicios naturales en función de la experiencia (aprendizaje). La facultad que él denomina como *vis aestimativa* sería un juzgar sobre la utilidad o nocividad de los *objetos* de alrededor. En todo esto vemos estas aproximaciones antrópicas de que hablamos, pero el discurso pretendía —y pretende— zanjar de algún modo la diferencia entre hombres y animales acudiendo a la aristotélica noción de «animal racional» por la que sólo el hombre podría conceptualizar, tener conciencia de sí y del entorno, etc.

Todo esto es muy limitado. La estimativa no puede dar razón de, por ejemplo, un perro que entra en depresión y muere de hambre recostado sobre la tumba de su *amo*. Se puede estirar lo que se quiera el postulado tomasiano, pero no puede responder a lo que acontece en el mundo animal más próximo al ser humano. Ya sabemos que términos como «proto-libertad», «bosquejo de conciencia», «conciencia emergente en el universo» y otros como el de nuestra «aproximación antrópica», tampoco son resolutorios. Pero muestran que estamos inmersos en aquello que nos desborda, y, por tanto, nos anima a seguir sin barreras en la búsqueda de la verdad.

La observación y la interacción con determinados animales nos ha mostrado capacidad de lenguaje con complejidad, capacidad de aprender lenguaje de signos, de combinar estos signos para expresar conceptos diferentes, de relacionar conceptos; de transmitir conocimientos adquiridos, no instintivos, por los que animales de la misma especie distinguen sus comportamientos según las zonas en que viven; hay animales próximos al hombre —mamíferos superiores— con conciencia de sí (la prueba de la marca y el espejo), de su individualidad, y con conciencia de su entorno. Hay animales capaces de planificar actos concatenados para conseguir, por ejemplo, fugarse, conseguir alimentos, engañar a los hombres. Hay animales que ríen, hacen bromas (asustar al cuidador escondidos y luego revolcarse riendo)... Y muchas más actitudes tenidas sólo como humanas.

Todo esto obliga a considerar que el concepto de «animal racional» para definir y distinguir al hombre de los animales, no parece ajustado a la verdad. La verdad tiene que estar más allá, en esas nociones no matematizables que hablan de naturaleza sobrenaturalizada. No parece verdadero el querer destacar la singularidad del ser humano rebajando a los animales para destacar las diferencias. Como tampoco es verdadero concluir en la negación de esa absoluta singularidad aduciendo que lo que se creía privativo del hombre se encuentra asimismo en el reino animal.

Una misión consecuente:
el amor a los animales, la Iglesia y los santos

Se nos ha dado constatar una unidad en origen y destino entre hombres y animales. San Basilio el Grande, en el siglo IV, casi mil años antes que San Francisco, hablaba de los animales como de «nuestros hermanos». Por esas fechas San Juan Crisóstomo nos exhortaba a «mostrar amabilidad y respeto hacia los animales por muchas razones, principalmente porque tienen el mismo origen que nosotros». Nemesio de Emesa, a fines de ese siglo IV hablaba de la unidad íntima de todos los seres vivos entre sí. San Máximo el Confesor, quien vivió entre los siglos VI y VII, batallando contra las fragmentaciones de origen platónico, afirmaba esta unidad entre el mundo angélico, el humano y el animal, «seres que por naturaleza son distintos unos de otros (y que) los hace converger en los demás mediante la fuerza singular de su relación con Él como origen». Dios, «en su providencia, vincula tanto a los seres inteligibles como a los sensibles a sí mismo y entre ellos». San Juan de la Cruz señala a la Encarnación como explicitación absoluta de esta unidad. El santo de la mística nos dice en los «Comentarios» a su *Cantico Espiritual* que «cuando se hizo hombre», Dios ensalzó a todas las criaturas «por haberse unido con la naturaleza de todas ellas en el hombre»… El mundo no es un artefacto frío y manipulable, como es visto por el racionalismo y vivido por una multitud de personas de todas las culturas. En *Raison et raisons*, Maritain afirmaba con rotundidad que «Dios no es un relojero, un fabricante de relojes. El mundo no es un reloj, sino una república de naturalezas»…

Esta constatación de una unidad de origen y destino en hombres y animales, debida a la propia condición del hombre como *imago Dei* y su vínculo esencial con toda la creación, supone una responsabilidad espiritual y moral, una misión. Soloviev hablaba de esta responsabilidad, operante en la historia e inmersa en el dinamismo final, escatológico, de la redención:

«Habiendo recibido la gracia de Dios en la oración, nosotros la comunicamos al prójimo en la limosna, es decir, con cada acto mediante el cual nos comportamos hacia él *según Dios*, como nos impone nuestra fe. Nuestros deberes, sin embargo, no se limitan sólo a los hombres. Somos deudores de todas las criaturas, las cuales, a causa de nuestro pecado, gimen y sufren hasta el presente. Si nos convertimos en portadores de la gracia divina, debemos extender su acción sobre nuestra naturaleza animal y sobre todo nuestro mundo, ya que no se pueden suponer límites a la fuerza divino-humana. Como el Dios encarnado salva a la humanidad, así la humanidad reunida con Dios debe salvar a toda la naturaleza; porque, como la humanidad en la imagen de la Iglesia es el cuerpo viviente de Cristo, así todo el mundo natural debe convertirse en cuerpo viviente de la humanidad regenerada. Toda la creación debe ser redimida e introducida en la libertad de la gloria de los hijos de Dios»[15]

El papa Francisco, en *Laudato sí*, también vinculaba el destino final de la creación toda, de las criaturas, a su estatuto

---

[15] Vladimir SOLOVIEV, *Los fundamentos espirituales de la vida* (BAC, Madrid, 2017) 65

presente, donde ya se puede percibir con mirada espiritual el triunfo futuro. Son palabras bellísimas que incitan a mirar de otro modo y, por tanto, impulsan a obrar ya, en la era presente:

«Las criaturas de este mundo ya no se nos presentan como una realidad meramente natural, porque el Resucitado las envuelve misteriosamente y las orienta a un destino de plenitud. Las mismas flores del campo y las aves que Él contempló admirado con sus ojos humanos, ahora están llenas de su presencia luminosa»[16]

Es «nuestro deber», como dice Soloviev, el que esta tensión se visibilice en la historia presente. El vínculo con la creación y la misión que conlleva se revela de un modo específico en esa aproximación antrópica por la que al ser humano se le comunica la verdad de un parentesco progresivamente acentuado en grado y esencia con el mundo animal. Al hombre, con la visión de tal aproximación ontológica, se le facilita la vía del afecto y el asombro espiritual.

La misión consecuente es amar a los animales y defender a los animales de todo aquello que expresa desarmonía en relación al orden querido por Dios, roto por el pecado, regenerado por la gracia y germen del mundo futuro.

La acción del Espíritu, que siembra semillas del Verbo, semillas de la Verdad, por doquier, se revela a este respecto en diversas tradiciones religiosas... Pienso, por ejemplo, en las tradiciones de los indios pawnee, donde los animales son como *ángeles*, «mensajeros» de Dios, de Tirawa, «el que está Arriba»... Este pueblo, que se alimentaba y vestía cazando animales, es decir, que vivía gracias a ellos, no podía concebirlos como cosas, o como seres sin importancia vital, espiritual, desvinculados del orden final y rebajados a meros objetos de utilidad.

Hay tradiciones que han incidido en el aspecto de la crueldad, llegando a cuestionar la caza como afición, como divertimento. Un escrito japonés del siglo XI, narra el sueño de un cazador empedernido en el que él y su familia aparecen como piezas

---

[16] FRANCISCO, *Laudato si*, n.100

31

de caza, como faisanes, acosados por un grupo de cazadores que logra matar a sus hijos y a su esposa. El cuento se llama «un sueño del Konjaku-Monogatari»... «El durmiente se despierta al fin, en el momento en que los perros iban a alcanzarle. Entonces comprende el significado del sueño: él, que había matado a tantos faisanes, ¡se había hecho reo de innumerables e inexcusables crímenes! Suelta, pues, a sus halcones, y echa a sus perros. Después, refiere su sueño a su mujer y a sus hijos, y se retira a un monasterio, donde alcanza la santidad»[17].

Este Espíritu —Dios— sembrador de la verdad, también suscita nociones y actitudes que confirman esa fraternidad esencial entre hombre y animales, actitudes que son recibidas por diversas personas vinculadas en la cultura de occidente al mundo animal. Personas, muchas de ellas teístas, que con sus contradicciones son no obstante referentes del actual reto respecto a la relación con los animales.

Por ejemplo, Charles William Beebe, el autor de *Ser naturalista es mejor que ser un Rey*, expresaba así una urgencia y un asombro por el mero hecho de la existencia de estos seres:

«La belleza y el genio de una obra de arte pueden volver a concebirse, aunque se destruya su primera expresión material; una armonía que se desvanece puede volver a inspirar al compositor; pero cuando el último individuo de una raza de seres vivos ya no respira, deben pasar otro cielo y otra tierra antes de que pueda volver a existir»[18]

Estas palabras, que sirvieron de epitafio en la tumba de Gerald Durrell, son profundas y bellas. Son verdad.

Otro referente es el español Jorge Alesanco, cuya actitud espiritual respecto al mundo animal le condujo a protagonizar un hecho asombroso, pleno de misterio y de interrogantes: que se sepa,

---

[17] Cit. en Raymond DE BECKER, *Las maquinaciones de la noche* (Plaza & Janés, Barcelona 1969) 138-139

[18] Cit. en Carol GRANT GOULD, *The remarkable life of William Beebe: explorer and naturalist* (Island Press/ Shearwater Books, Washington 2004) 375

es el único hombre en la actualidad que ha sido admitido como miembro por varias manadas de leones salvajes... Alesanco ha desbordado a su admirado Félix Rodríguez de la Fuente —también creyente—, quien fuera acogido incluso como jefe en una manada de lobos. Jorge Alesanco interactúa con los leones con naturalidad, habla con ellos, se sienta con ellos plácidamente, comparte con ellos momentos delicados, peligrosos, como cuando una leona se enemistó con él y luego se reconcilió, o como cuando estuvo presente en una operación de conquista por la que unos machos solitarios expulsaron al cabeza de familia y se hicieron con las hembras de una manada... Una relación misteriosa, una imagen que nos recuerda a algunas de las viejas historias de santos y a las escenas proféticas sobre la armonía del mundo futuro a que nos hemos referido más arriba...

Alguno de estos referentes famosos en el mundo occidental reivindicaba como actitud sana el respeto y el asombro. Konrad Lorenz, que no dudaba en divertirse y reír con las actitudes de muchos animales, se quejaba de ese otro género de burla que expresa vejación hacia los animales, una errada autoafirmación orgullosa frente a los seres, la abolición del asombro. En un libro cuyo título alude a una leyenda sobre el rey Salomón según la cual mediante un anillo podía hablar con los animales, escribe:

«Me siento molesto cuando un visitante de una acuario o de un parque zoológico se ríe de algún animal, el cual ha adquirido una forma del cuerpo que se aparta de lo común, en un prodigio de extrema adaptación a cierto género de vida. Este "público" se ríe de algo que para mí es sagrado: los misterios de la transformación de las especies, la Creación y el Creador»[19]

Antes hemos hecho una breve reflexión sobre la cuestión ecológica como signo de los tiempos que interpela a la Iglesia para que responda a las iluminaciones y mociones del Espíritu Santo. Y en esta «cuestión» figura de un modo especial la relación de los

---

[19] Konrad LORENZ, *Hablaba con las bestias, los peces y los pájaros* (Ed. Labor, Barcelona 1991) 227

hombres con los animales. Es especial por el carácter pasible de estas criaturas y por su aproximación ontológica al hombre, una aproximación por tanto física, psicológica, afectiva, espiritual. La Iglesia está llamada a integrar este reto en su misión consagratoria. Y lo está, tal cual está el mundo: en contradicción consigo mismo merced a la caída. Esto significa que el reto tiene facha de combate, de denuncia profética frente al mal, y también de proposición libre del bien, de anuncio de otros modos, otras metas, otros deseos… que a su vez suscitarán nuevos combates a causa del rechazo del mundo…

El reto respecto a los hermanos animales tiene una multitud de frentes abiertos. Los Papas han denunciado muchas situaciones en referencia a estos retos éticos y espirituales; algunas de estas situaciones de modo concreto, otras englobadas implícitamente en unas denuncias más amplias relativas a modos de relacionarse con los vivientes y la naturaleza.

En *Laudato si*, por ejemplo, la Iglesia docente por boca de Francisco ha denunciado los desequilibrios provocados por la soberbia y la codicia humanas, por las que se minusvalora la vida animal, especies «que suelen pasar desapercibidas (pero que) juegan un rol crítico fundamental para estabilizar el equilibrio de un lugar» (n,34); o por las que se rechaza la idea de «impacto en la biodiversidad, como si la pérdida de algunas especies o de grupos animales o vegetales fuera algo de poca relevancia» (n.35). El Papa incidía en la dimensión espiritual inherente a estos pecados que provocan la crisis ecológica. Así con la extinción de las especies:

«Cada año desaparecen miles de especies vegetales y animales que ya no podremos conocer, que nuestros hijos ya no podrán ver, perdidas para siempre. La inmensa mayoría se extinguen por razones que tienen que ver con alguna acción humana. Por nuestra causa, miles de especies ya no darán gloria a Dios con su existencia ni podrán comunicarnos su propio mensaje. No tenemos derecho» (n.33)

En los nn 130 y 132, el Papa se hacía eco de los abusos en la experimentación animal, y de los peligros y aventuras desintegradoras de equilibrios en las modificaciones genéticas de especies animales y vegetales. En realidad, estas catas del Magisterio de la Iglesia en el drama de la relación del hombre con el mundo animal están representando a la totalidad de aspectos del drama. Porque los fundamentos espirituales aducidos conducen a no olvidar ninguno de estos aspectos. Puede haber pluralidad de respuestas entre católicos, el ver las cosas con gravedades diferentes; puede haber conflictos de interpretación. Pero no indiferencia, pasividad, negación de estos males o colaboración consciente con los mismos.

Todo lo que han ido poniendo sobre la mesa personas que han contemplado las dimensiones de este drama puede y debe ser objeto de solicitud espiritual para un creyente. Muchas de estas dimensiones han motivado intervenciones episcopales aquí o allá, declaraciones y acciones de comunidades de consagrados, movimientos de corazón y hechos consecuentes en laicos en diversos lugares. Decíamos que los frentes, los retos, son muchos. Sin valorar ahora la tremenda complejidad de algunos de estos retos, sólo enumerar algunos da idea de la magnitud del drama... El problema moral de la caza furtiva, la caza de especies protegidas o en peligro de extinción; de la llamada caza deportiva, los trofeos (no comestibles), el tráfico de marfil, de cuernos de rinoceronte, cabezas de gorila y similares... la extinción efectiva de especies a causa de la caza, de la sobrepesca. El uso de venenos, las matanzas crueles de galgos una vez acabada las temporadas de caza. La masificación brutal y el hacinamiento en granjas industriales, la ganadería intensiva, con animales estabulados, con la provocación de enfermedades contagiosas, etc. La peletería asociada al lujo, la vanidad social, y la crueldad de ciertos procedimientos para que no se pierda un solo centímetro de piel y para abaratar los procesos. La experimentación con animales sobre el efecto de armas en organismos vivos; la experimentación para el mundo de la cosmética (grados de abrasión, etc), para investigar niveles de tolerancia de factores externos e internos... de productos cuya saturación en los mercados es ya vieja y brutal. El tráfico de especies exóticas, para divertimento y remedio del tedio de los ricos. El caso de plagas por desequilibrio animal: por destrucción de hábitats, por extinción de predadores, por prácticas agrarias de inmediatismo intensivo, gigantistas... langostas, mosquitos, conejos, cangrejos de río... Las anomalías conductuales en muchos animales, debidas a desequilibrios del medio, a contaminación, al cambio climático genérico: migraciones alteradas, nidadas a destiempo, conductas sexuales anormales, suicidios, canibalismo, etc. El problema de los animales cautivos (circos, persistencia de zoológicos de mentalidad decimonónica, animales creados por Dios con alas ¡a los que enjaulamos!...). La crueldad en muchos de los mataderos del mundo, con procedimientos brutales, agónicos, terroríficos para animales que perciben el peligro de muerte y sienten pavor. Las brutalidades inauditas, por codicia, por abaratar, en los procesos de exterminio de animales enfermos o excedentarios... como aquellos camiones de volquete, llenos de cerdos hacinados con peste porcina que eran descargados en enormes zanjas y enterrados vivos... Las crueldades y malos tratos dirigidos contra animales de compañía, o contra animales domésticos de granja, de agricultura o similares, algunos explotados hasta la muerte por agotamiento, deshidratación...

Nos quedan retos por nombrar, pero vamos a finalizar incidiendo en lo que motiva este estudio: la crueldad con animales motivada o inserta en contextos festivos, en diversiones humanas, en espectáculos. Así las peleas de gallos, de perros; las bestialidades cometidas contra animales en muchas fiestas populares... las corridas de toros.

Decíamos en la introducción que el afán de este estudio no es una mera crítica, negativa y amarga, sino el abrir horizontes, ayudar a cambiar perspectivas, hacer ver. Suscitar una suerte de tensión educativa por la que quien tiene la sensibilidad espiritual embotada respecto a este reto sobrenatural despierte y contemple que el Amor lo empapa todo, que todo es nuestra misión.

Este primer capítulo, con sus diferentes epígrafes, es una exposición, no exhaustiva, de fundamentos que luego se van a aplicar. Fundamentos universales en relación a las actitudes del ser humano respecto a los animales. Dios no deja de mostrar que nos hallamos ante un aspecto del misterio: en la Iglesia se pide protección divina hacia los animales, que los ángeles los cubran con su solicitud; se sabe que en ellos el hombre puede descubrir una bendición, una baraka —según el término universalizado por el misticismo islámico— un mensaje... Los animales han sido y son ocasión de comunicación espiritual; por el simbolismo que expresan, como el que acude en ayuda de San Juan de la Cruz para expresar vivencias inefables, o por el misterio que encierran y que es descifrado por almas abiertas: así la Bienaventurada Mariam de Belén, una carmelita conocida como «la pequeña árabe»... «le pregunto al cielo, a la tierra, al mar, a los árboles, a todas las criaturas: ¿dónde está Jesús? Y todas me responden al unísono: ¡en un corazón recto y humillado!». Sigue habiendo conversiones que han tenido como instrumento providencial a los animales... Así el jesuita y científico P. Paolo Beltrame, un ateo petulante que se encuentra con Dios observando una manada de ciervos entre la nieve... fijándose en uno «me sugirió de pronto e inusitadamente la presencia de un Dios amoroso y vivo en toda la Creación, rodeándome y abrazándome»...

La Iglesia docente nos dice que «los animales son criaturas de Dios, que los rodea de su solicitud providencial. Por su simple existencia, lo bendicen y le dan gloria. También los hombres les deben aprecio. Recuérdense con qué delicadeza trataban a los animales San Francisco de Asís o San Felipe Neri»[20]. Confiados al hombre, éste «les debe benevolencia»[21], «se puede amar a los animales»[22]. Porque cada ser ha sido creado «con infinito amor»[23]. Francisco, en *Laudato si*[24], acudía a la autoridad de la Escritura para afirmar esa voluntad amorosa del Padre respecto a las criaturas... los Salmos, el libro de la Sabiduría... «hasta la vida efímera del ser más insignificante es objeto de su amor y, en esos pocos segundos de existencia, Él lo rodea con su cariño» (n.77).

---

[20] *Catecismo de la Iglesia Católica* (CIC) n.2416

[21] CIC, n.2457

[22] CIC, n.2418

[23] FRANCISCO, *Querida Amazonia*, n.57

[24] Cf n.77

A esta visión le corresponde esa actitud indicada por la Iglesia: el amor, el aprecio, la benevolencia. La referencia del Catecismo a los santos, representados en figuras destacadas por esta actitud, es crucial. Pues todos estamos llamados a la santidad y aquí la Iglesia refrenda esta tradición de actitudes —enraizada vitalmente en la Tradición— que reflejan las vidas de estos hermanos.

La tendencia a rebajar tales actitudes a la categoría de anécdotas sensibleras, romantizadas, es poderosa y operante: uno puede enternecerse sensiblemente con tales historias o acogerlas con una simpatía intranscendente... y por tanto no tomar postura alguna respecto a los retos que hemos enumerado antes; o negarlos; o combatir ideológicamente a los que denuncian tales cosas. Pero en realidad, el anecdotario contiene mucho más. Incluso si la transmisión se mezcla con elementos legendarios, o estilos edulcorados, significa mucho: porque en una atmósfera general con tendencia al utilitarismo inmisericorde respecto a los animales, se ha percibido sin embargo como don de Dios, como signo de santidad, el que unos hombres, unas mujeres, se comportaran con ellos de modo no sólo diverso sino contrapuesto a las tendencias dominantes.

Las anécdotas de San Martín de Porres, en que el santo habla con animales habitualmente, y respecto a los enfrentados entre sí consigue que coman y vivan en paz evocan las imágenes proféticas de la paz mesiánica...

«Fray Martín consiguió que animales tan distintos como pueden ser los perros, gatos, ratones y pájaros, tuvieran mutuamente, entre ellos, un trato de hermanos. Con Fray Martín, estos animales no se peleaban ni se hacían daño. Todos podían comer en el mismo plato, pues todos son creados por Dios para su "gloria y alabanza"»[25]

Estas historias de santos que protagonizan amistades imposibles en el mundo presente, anuncios de un mundo

---

[25] Vicente FORCADA COMINS, O.P./Ricardo CUADRADO TAPIA, O.P., *San Martín de Porres Mártir de la Caridad* (Ed. Monte Carmelo, Burgos 2002) 73-74

definitivamente reconciliado, son antiguas en la historia de la espiritualidad. Sobre un monje en el Egipto de mediados del siglo IV llamado Eleno:

«Entró en el monasterio, siendo todavía un niño. Más tarde llevó una vida apartada en el desierto. Destacó por su espíritu de penitencia, su lucha contra los espíritus diabólicos, el conocimiento de los corazones y el futuro y la familiaridad que tenía con los ángeles e, incluso, con las bestias salvajes. Se dice que un cocodrilo transportaba al santo y a un sacerdote a la otra orilla para que pudieran asistir a Misa el domingo»[26]

De San Isidro Labrador se narran muchas historias sobre su relación con los animales:

«—¡Pobrecillas! ¡Tienen hambre!

—¿Y qué se nos puede dar a nosotros de ello?

—No digas eso; son avecillas de Dios, y cuando el Señor amanece, amanece para todos (…)

—(…) me han dicho que cuando siembras las tierras de Vera, tu amo, tiras el primer puñado a lo alto, diciendo: "esto para Dios"; luego, tras otro sembrado propiamente, dices: "esto para nosotros"; y no falta un tercer puñado para los gorriones y otro para las hormigas (…)

Coincidió en el camino, y en el propósito, con un pegujalero que llevaba a moler su faneguilla de trigo, el cual hubo de escandalizarse un tanto, viendo que tres o cuatro veces el Santo desataba un saco para echar puñados de grano a las palomas, que —según decía— le miraban con ojos de mucha necesidad. Y al hacerle notar que la carga se iba a aligerar mucho, respondió Isidro con su magnífica frase: "Cuando Dios da, para todos da" (…) Sin hostigar a los bueyes, antes bien hablándoles con dulzura, pero sin levantar la mano de la mancera en toda la mañana,

[26] P. José Luis LIZALDE, *Todos los santos africanos* (Ed. Mundo Negro, Madrid 2000) 87

consiguió terminar (...) Compadecido de los bueyes (etc)»[27]

Las referencias del Catecismo a San Francisco y San Felipe son elocuentes y terminantes, dado el carácter universal de ambos santos... pero son parte de una multitud de historias y de palabras... Muchos santos, muchos creyentes profundos que son asimismo referentes para muchos... San Antonio de Padua, San Isaac el Sirio, Santa Juliana de Norwich... Y Teresa Neuman, el Padre Pío, San Juan Pablo II, San Pablo VI... Jacques y Raissa Maritain, Dowstoieski, Chesterton, Goricheva... el Venerable José Rivera, sacerdote... autores de pequeños hechos y dichos que dan razón a este llamamiento del Catecismo: aprecio, benevolencia, delicadezas, amistad que se remite a Dios... Luego veremos cómo una multitud de santos y hermanos se han confrontado con el sufrimiento animal

El último nombrado, José Rivera, a quién pude conocer y tratar, no sólo se sintió sacudido por este sufrimiento, sino que en sus profundizaciones se adentró en el misterio de los vínculos del hombre con las criaturas:

«La consideración de las criaturas: Dios las hizo como de paso... aprisa... No es contemplando despaciosamente las criaturas como seremos levantados hasta Dios, sino viceversa, dejándose levantar sobre ellas, las contemplaremos después —con Él y por Él y en Él— con la complacencia misma con que el Espíritu las hace... no ya las hizo»[28]

Y específicamente respecto a los animales hace una referencia importante sobre esos anecdotarios en las vidas de santos que habitualmente no son recibidos espiritualmente:

---

[27] Luis FERNÁNDEZ SALCEDO, *Estampas de San Isidro* (Ministerio de Agricultura, Madrid[2] 1956) 48.50.109.108.155
[28] José RIVERA RAMÍREZ en *Pensamientos del Siervo de Dios José Rivera, sacerdote diocesano (1925-1991). Tomo I «Testigo de la Realidad»* n.38 (Edibesa, Madrid 2009) 34

«El amor a los animales, que el hombre sabe *nombrar* por el amor: se despierta su fidelidad, y sus cualidades se ponen al servicio del amor. Los ejemplos cotidianos, y ciertos relatos hagiográficos, a menudo tomados en broma, y sin embargo muy verosímiles»[29]

Dominio según Dios o Dominación tiránica

La acusación es vieja: el famoso «dominad» con que Dios se dirige al hombre en el Génesis, sería la fuente de todos los males padecidos por la naturaleza y los vivientes de mano del hombre. El «judeocristianismo» y las visiones emparentadas, como el islam, serían culpables. De modo esencial. Es la tesis de, por ejemplo, Desmond Morris, otro conocido y famoso divulgador naturalista, éste ateo. Tesis ampliamente destacada en uno de sus libros más identificativos de su pensamiento: *El contrato animal*. El libro produce sonrojo por la ignorancia del autor y sus audaces estrecheces ideológicas cuando usa de la Biblia o de otros referentes de la historia de la religiosidad presente en la vieja cultura occidental.

La acusación, sin embargo, y en un mundo de impulsos secularizantes, ha hecho fortuna… No importa que, una vez desterrado el paradigma cultural religioso denunciado, si embargo el dinamismo de destrucción natural siga en aceleración. Ni que la crueldad sistémica con los animales y el desprecio por los dinamismos del entorno se encuentre asimismo en personas vinculadas a otros parámetros religiosos o irreligiosos, como testimoniando que esto, la actitud cosificadora de los animales, es algo *anterior* a todos los marcos referenciales y que envuelve, por tanto, a muchos de los que confiesan su fe religiosa en el testimonio bíblico: este previo perturbador es el desorden ontológico, la caída, la presencia de los pecados capitales en todo el universo humano.

Es este factor sobrenatural el que ha converso el mandato del «dominad» —que es un *resumen* de aquel primigenio «guardar» (proteger) y «cultivar»— en dominación, en aquello que revela que

---

[29] Ibid n.44, p.35

la armonía original a que estamos llamados por la promesa de gracia, queda dañada por el pecado. En vez de cooperación y servicio mutuo, dominación; en vez de recibir a las criaturas con toda la responsabilidad del ser testigos de la ternura del Padre, apropiación cosificante…

Efectivamente, se nos ha llamado a ser custodios de la Creación, no inmisericordes explotadores. Fue San Juan Pablo II el que nos indicó que concebir «el ambiente como "recurso" pone en peligro el ambiente como "casa"»[30]. Palabras incorporadas por Francisco en *Querida Amazonia* (n.48). No que no se use legítimamente el ambiente, sino el respetar la legitimidad del uso, los dinamismos internos, los vínculos espirituales y materiales. En esa misma Exhortación apostólica Francisco incide en esta concepción:

«La selva no es un recurso para explotar, es un ser, o varios seres con quienes relacionarse. La sabiduría de los pueblos originarios de la Amazonia inspira el cuidado y el respeto por la creación, con conciencia clara de sus límites, prohibiendo su abuso. Abusar de la naturaleza es abusar de los ancestros, de los hermanos y hermanas de la creación, y del Creador»[31]

A medida que el hombre afirma su tiranía y somete a esclavitud a la naturaleza, pierde su autoridad trascendente sobre ella. Puede creer que gana por su dominio técnico y sus conocimientos al respecto, pero pierde en su espíritu, y esa pérdida daña a la naturaleza. El hombre es barro, es hilo de la naturaleza; pero también es espíritu, puede *manejarla* desde su propio ser naturaleza. Si este hombre es fiel a sí mismo la estudia, la ama, la usa respetando sus propios dinamismos. Y entonces afirma un «dominio» amoroso, según el Señor, quien dijo que todo era bueno.

Este dominio delegado, sobrenatural, inmerso en la bondad de Dios, es ajeno a la usurpación que supone la tiranía. Es

---

[30] SAN JUAN PABLO II, *Discurso a los participantes en un Congreso Internacional sobre "Ambiente y salud"* (24-3-1997)
[31] FRANCISCO, *Querida Amazonia* n.42

una relación, un servicio mutuo. Una responsabilidad. Ya hemos visto cómo en la Escritura se advertía al ser humano sobre la soberbia de creerse poco menos que increado para distinguirse de las demás criaturas, de los animales. En Dostoievski contemplamos esta advertencia por boca del *staretz* Zósima, en *Los hermanos Karamazov*:

«Amad a los animales: Dios les ha concedido los rudimentos del conocimiento y la alegría no enturbiada. No se la perturbéis, no los maltratéis, no les arrebatéis la alegría ni os opongáis a los pensamientos de Dios. ¡Hombre! No te encumbres por encima de los animales: ellos no tienen pecado y tú, con tu soberbia, conviertes a la tierra en estercolero por tu presencia en ella y dejas un purulento rastro tras de ti. ¡Ay, que esto lo hacemos casi todos nosotros!»

Esta llamada no significa despojar al hombre de su condición, sino el destacar su vocación a la humildad. El Señor es el Señor. Y Dios es bueno. El hombre, o refleja esta bondad según su ser *imago Dei*, o convierte el mandato de Dios —guardad, cultivad— es una caricatura mediante la apropiación, la expoliación. Hay que situarse, pues: los animales no son cosas. La relación del hombre con ellos se expresa en términos excluyentes: o cosificación, o asombro receptivo.

El papa Francisco, siguiendo la estela de, sobre todo, San Juan Pablo II, quiso remarcar esta iluminación crucial que revoluciona las lecturas erradas del mandato del Génesis. Lecturas que han traído tanto mal al mundo: no sólo el justificar la destrucción caprichosa de la naturaleza, la codicia destructora y un sinfín de aberraciones contra el mundo animal, sino el escándalo por el que a otros se les ha dificultado el reconocimiento de Dios. En *Laudato si*, se aborda esta inversión del sentido original del mandato de Dios situándonos en el contexto simbólico del Génesis: por querer ocupar el lugar de Dios, lo que era una misión de relación con las criaturas inserta en una armonía cósmica, se torna relación de conflicto (cf n.66). El Papa no elude el confrontarse con la acusación a que antes hemos aludido y que sigue en todo su vigor en el occidente posmoderno:

«No somos Dios. La tierra nos precede y nos ha sido dada. Esto permite responder a una acusación lanzada al pensamiento judío-cristiano: se ha dicho que, desde el relato del Génesis que invita a "dominar" la tierra (cf Gn 1,28), se favorecería la explotación salvaje de la naturaleza presentando una imagen del ser humano como dominante y destructivo. Esta no es una correcta interpretación de la Biblia como la entiende la Iglesia. Si es verdad que algunas veces los cristianos hemos interpretado incorrectamente las Escrituras, hoy debemos rechazar con fuerza que, del hecho de ser creados a imagen de Dios y del mandato de dominar la tierra, se deduzca un dominio absoluto sobre las demás criaturas. Es importante leer los textos bíblicos en su contexto, con una hermenéutica adecuada, y recordar que nos invitan a "labrar y cuidar" el jardín del mundo (cf Gn 2.15). Mientras "labrar" significa cultivar, arar, trabajar, "cuidar" significa proteger, custodiar, preservar, guardar, vigilar. Esto implica una relación de reciprocidad responsable entre el ser humano y la naturaleza»[32]

Esta visión permite al Papa denunciar asimismo, no sólo las lecturas erradas de la Escritura por parte de creyentes, sino el antropocentrismo destructor venido de la modernidad (cf n.116). La llamada a una reciprocidad responsable conduce a una nueva relación del hombre con los animales. En el n.68 de esta encíclica se citan varios pasajes bíblicos en que se refleja esa solicitud por los animales, y en el n.69 se concluye en unas formulaciones que quieren desterrar el utilitarismo instrumentalizador y cosificador de las criaturas, algo que se revela de modo específico respecto de los animales. En efecto, el Papa afirma que «estamos llamados a reconocer que los demás seres vivos tienen un valor propio ante Dios». Francisco se remite al Catecismo, donde estos conceptos ya se habían proclamado: «por su misma existencia, lo bendicen y le

---

[32] FRANCISCO, *Laudato si* n.67

44

dan gloria»[33], «las distintas criaturas, queridas en su ser propio, reflejan, cada una a su manera, un rayo de la sabiduría y de la bondad infinita de Dios»[34]. Se trata de corregir un «antropocentrismo desviado»[35]. Esto tiene consecuencias. En el amar expresado en el querer y el obrar. Por eso Francisco, más adelante y desde la constatación de una valía por sí mismas de las criaturas, de que cada una «refleja algo de Dios», en «la seguridad de que Cristo ha asumido en sí este mundo material y ahora, resucitado, habita en lo íntimo de cada ser, rodeándolo con su cariño y penetrándolo con su luz», remata estas convicciones con una llamada a la concreción amorosa:

«Cuando uno lee en el Evangelio que Jesús habla de los pájaros y dice que "ninguno de ellos está olvidado ante Dios" (Lc 12,6), ¿será capaz de maltratarlos o de hacerles daño?»[36]

El Papa culminaba estas palabras hablando de lo luminoso de esta vivencia en San Francisco de Asís y de la necesidad de explicitar la conversión en tal sentido a que estamos llamados todos.

La Iglesia docente ha querido remachar esta visión repitiendo la noción en diversos lugares: los animales, las criaturas tienen un valor en sí mismas, no son cosas a disposición arbitraria de los hombres. La relación con los animales, abandonado el espíritu de cosificación, abre las puertas al asombro, a un uso armónico respecto a las necesidades reales del ser humano, y a la pedagogía espiritual, a percibir las enseñanzas que Dios sigue trasmitiendo a través del mundo animal.

Ciertamente, para algunos cristianos (o para muchos) estas palabras encierran una novedad. Que tiene fuerza, si es acogida, para cambiar ciertas opciones y opiniones. Para otros, sencillamente son inadmisibles. En la Carta Apostólica *Totum amoris est* (Todo

[33] CIC, n.2416
[34] Ibid, n.339
[35] FRANCISCO, *Laudato si* n.69
[36] Ibid, n.221

pertenece al amor) con motivo del IV centenario de la muerte de San Francisco de Sales, Francisco insistía en esta noción de «dominio» que se introduce respetuosamente en los dinamismos creados por Dios, los respeta, no los destruye: «El mandato de Dios a Adán y Eva en el relato del Génesis es ser fecundos. La humanidad ha recibido el mandato de cambiar, construir y dominar la creación en el sentido positivo de crear desde y con ella». En la Exhortación Apostólica *Laudate Deum*, publicada por Francisco en 2023 se nos decía que «hoy nos vemos obligados a reconocer que sólo es posible sostener un "antropocentrismo situado". Es decir, reconocer que la vida humana es incomprensible e insostenible sin las demás criaturas» (n.67). Y en la declaración *Dignitas infinita* (Sobre la dignidad humana) publicada en 2024 por el Dicasterio para la Doctrina de la Fe se nos advierte respecto a «la diferencia entre el ser humano y el resto de los otros seres vivos (que) no debe hacernos olvidar la bondad de los demás seres creados, que existen no sólo en función del ser humano, sino también con un valor propio y, por tanto, como dones que le han sido confiados para que sean custodiados y cultivados» (n.28)…

Esta valía por sí mismos de los vivientes significa que la noción de mera utilidad es contradicha por la responsabilidad que el hombre tiene para con ellos. Ese «valor propio» nos dice que Dios es su valedor, que no son instrumentos arbitrariamente usados por el hombre, sino que éste se pliega —amorosa y libremente— a unos dinamismos que descubre en estas criaturas como signo de su pertenencia a Dios.

La ayuda de los animales

El *Catecismo de la Iglesia Católica* dice en su n.2457 que «los animales están confiados a la administración del hombre que les debe benevolencia. Pueden servir a la justa satisfacción de las necesidades del hombre». En los nn 2415 a 2418 y bajo el título «El respeto de la integridad de la creación», la Iglesia docente sintetiza la actitud cristiana respecto a los animales exponiendo una serie de principios. Es precisamente el carácter sucinto de estos principios el que ha servido y sirve para hacer trampa respecto a los mismos…

Palabras ambiguas, o conceptos amplios con posibles aplicaciones contradictorias, con lo cual se puede llegar a falsear el principio enunciado... Y también, en sentido positivo, libertad para buscar responsablemente lo más correcto, lo más acorde a estos principios y su espíritu.

Ciertamente, la inserción en el Catecismo de estos números no puede responder a la idea de que los cristianos asuman las cosas tal y como están establecidas en el mundo, justificando esta actitud al amparo de alguna de las grandes expresiones utilizadas en este documento magisterial. No es ése el espíritu con el que han sido proclamadas estas palabras. Por ejemplo, este servir de los animales para satisfacer «las necesidades del hombre». Al socaire de estas palabras, desvinculadas de su contexto, de las otras palabras y del espíritu con que allí se han plasmado, muchos pueden incluir en las «necesidades del hombre» tanto falsas necesidades como meros caprichos destructivos y crueles. De hecho, en las estériles críticas a «los ecologistas» venidas de estos sectores eclesiales se usan enunciados como ése para intentar zanjar la cuestión. El falseamiento llega, también, a las aplicaciones: por ejemplo, el n. 2417 nos dice lo siguiente:

«Dios confió los animales a la administración del que fue creado por Él a su imagen (cf Gn 2,19-20; 9,1-4). Por tanto, es legítimo servirse de los animales para el alimento y la confección de vestidos. Se los puede domesticar para que ayuden al hombre en sus trabajos y en sus ocios. Los experimentos médicos y científicos, si se mantienen en límites razonables, son practicas moralmente aceptables, pues contribuyen a cuidar o salvar vidas humanas»

Hay un espíritu previo que envuelve a este número 2417 y que condiciona y determina, por tanto, las aplicaciones de estos enunciados. Son los dos números previos, que enmarcan espiritualmente a las disposiciones doctrinales:

«El séptimo mandamiento exige el respeto de la integridad de la creación. Los animales, como las plantas y los seres inanimados, están naturalmente destinados al bien común de la humanidad pasada, presente y futura (cf Gn 1,28-31).

El uso de los recursos minerales, vegetales y animales del universo no puede ser separado del respeto a las exigencias morales. El dominio concedido por el Creador al hombre sobre los seres inanimados y los seres vivos no es absoluto; está regulado por el cuidado de la calidad de la vida del prójimo incluyendo la de las generaciones venideras; exige un respeto religioso de la integridad de la creación» (n.2415)

«Los animales son criaturas de Dios, que los rodea de su solicitud providencial (cf Mt 6,16). Por su simple existencia, lo bendicen y le dan gloria (cf Dn 3,57-58). También los hombres les deben aprecio. Recuérdese con qué delicadeza trataban a los animales S. Francisco de Asís o S. Felipe Neri» (n.2416)

El espíritu de las palabras del Catecismo responde a un signo de los tiempos. No es un refrendo de los estatutos vigentes, de las costumbres, de los hechos. Cuando se habla de necesidades justas, el principio se está confrontando a una explotación abusiva basada en falsas necesidades. Cuando se advierte de experimentaciones y de límites razonables, se hace referencia a las denuncias sobre experimentaciones abusivas, irrazonables, cuyo objeto es inmoral o son inútiles por su continua redundancia. Si se habla de alimentación, no se da por sentado la licitud de ciertas crueldades[37], excesos y caprichos. Y así con todo.

El Magisterio ha tenido que explicitar, como hemos visto, de un modo más claro, el carácter del «dominio» otorgado al hombre, porque la mentalidad reaccionaria ha querido ver en estas indicaciones un legitimar los usos establecidos y un condenar a los que los cuestionan... los odiados ecologistas. Y así, por ejemplo, hemos visto sobre la legitimidad de «la confección de vestidos» quien en vez de ver en esto un refrendo hacia los pueblos originarios que viven de la caza y usan las pieles para cubrirse, o una

---

[37] Decía el papa Pío XII a los trabajadores del matadero de Roma (17-11-1957) que «el sufrimiento debe reducirse al mínimo y la crueldad inútil debe prohibirse».

indicación sobre el uso lícito de lanas de animales o de pieles de animales que han servido de alimento... ha querido ver un supuesto *placet* de la Iglesia hacia la innecesaria y cruel *peletería de vanidad.* Sin más debate.

Hay quien ve en la declaración de legitimidad del uso alimentario de los animales la abolición de todo debate ético respecto a la caza por diversión; o el desprecio hacia las solicitudes de respeto a los animales que van a ser sacrificados, es decir, respecto al trato previo y al modo del sacrificio... Hay quien ve en las palabras relativas a la experimentación que todo lo que se hace y por qué se hace está bien... Destrozar los ojos de conejos aplicándoles champús para ver los umbrales de tolerancia... como si ya no hubiera tipos de champús suficientes para satisfacer todas las excentricidades de los humanos... Implantar electrodos en el cerebro de primates, practicarles biopsias, inyectarles sustancias tóxicas, privarles de agua, inmovilizarles en posturas forzadas... para verificar pautas, grados de tolerancia, etc... Para qué seguir.

Hay un espíritu que ha motivado estas declaraciones magisteriales; un espíritu que, en contra de las costumbres establecidas, legitima y motiva la búsqueda de alternativas. O sitúa en un lugar sagrado —el respeto al Creador respetando los misterios de la creación— diversas prácticas humanas. Un espíritu que condena abusos y crueldades.

Las alternativas se buscan cuando hay una motivación para buscarlas... Por ejemplo, en octubre de 2023 investigadores de la Universidad de las Islas Baleares presentan un método para reducir de modo drástico la experimentación medica con animales vivos. Se trataba de una *sustancia* que reproduce las propiedades de células humanas.

Respecto a situar en un orden superior algunas actividades humanas que tienen relación con la vida y la muerte de animales —pues la era presente incluye necesariamente para muchos hombres aspectos cruentos que en la vida futura cesarán testimoniando su carácter no absoluto—, se puede destacar la mística de los pueblos cazadores, una mística de iniciación que integra un vínculo sagrado con los animales que serán sustento, medicina y calor para el pueblo... Podemos comparar este cuadro frente a una montería de ricos insatisfechos...

O respecto a la crueldad, el ganadero que se preocupa habitualmente de sus animales, y que se preocupa, por eso, en usar para los métodos de sacrificio lo que pueda mitigar o anular los efectos del procedimiento, el temor, el dolor... como estos hombres que tapan los ojos de los corderos para que no se asusten y que procuran un corte con instrumento muy afilado para que el animal no sufra y con el desangrado pierda el conocimiento. O métodos de muerte rápida e instantánea, no previstos por el animal...

Todo esto significa el acoger estas indicaciones doctrinales en su verdadero espíritu, y no falsearlas. La indicación hecha en el n.2417 transcrito y que hace referencia a la ayuda de los animales en relación al «trabajo» y el «ocio» de los hombres, está inserta en ese clima espiritual de respeto. Respecto al trabajo es sencilla la aplicación, sobre todo en referencia al mundo agrícola. También al mundo terapéutico, que utiliza animales para ayudar a sanar a personas con discapacidades de distinto orden, a quienes sufren dolencias psicológicas, problemas conductuales como la violencia interna en algunos presos... Este espíritu es el que desautoriza como relación no legítima la explotación laboral abusiva de los animales. En referencia a la ayuda prestada en el ocio de los hombres, se puede aplicar la indicación fácilmente a la equitación, al trato con animales de compañía con los que se juega, se hace deporte, etc. Sin embargo, hay quien ve en este texto un refrendo a divertimentos humanos, a prácticas de «ocio», que se basan en tratos crueles a los animales o los incluyen de modo necesario a la práctica... Aquí, otra vez, nos topamos con las corridas de toros. Volveremos sobre esto después.

El n.2418, después de condenar las crueldades efectuadas contra animales, advierte de un par de desviaciones que también son usadas de modo ilegítimo para dejar las cosas tal cual están o para legitimar en los debates determinadas prácticas sólo porque las hace el ser humano, quien tendría derecho, por eso, a hacerlas. Este número, en su segunda parte, dice:

«Es indigno invertir en ellos (en los animales) sumas que deberían remediar más bien la miseria de los hombres. Se puede amar a los animales; pero no se puede desviar hacia ellos el afecto debido únicamente a los seres humanos»

Estos contrastes denunciados por el Catecismo son evidentes, pero hay quien, con este enunciado pretende contraponer el amor al hombre con la defensa de los animales. El amor al hombre, sin embargo, incluye el deseo de que viva en plenitud. En lenguaje cristiano, que se deje santificar. Y esto supone un hombre, una mujer, que enamorado de Dios y por tanto del prójimo, ama las obras de Dios, ama la creación, su belleza, su misterio. Y esto lo significa estableciendo vínculos afectivos con muchas de estas criaturas y sufriendo y batallando para que el orden querido por Dios se respete en ellas. La advertencia del Catecismo es justa: afectos desviados que excluyen a la persona humana, o prioridades que rematan en lo mismo. Se puede recordar como caso paradigmático la relación que Hitler y otros nazis tenían con algunos animales, armonizada en ellos con el desprecio radical por millones de humanos.

El contraponer de modo esencialista estos dos amores es una falsificación del espíritu y de la letra de estos principios del Catecismo. Por lo demás, quienes se enfurecen por norma contra los defensores de animales no suele ser gente que se destaque por su defensa de los hombres, de los pobres, de los oprimidos… Con excepciones —que las hay—, suele ser gente que, por el contrario, ve en cualquier denuncia al respecto una conjura comunista, un ataque a instituciones que previamente han sacralizado, un atentado intolerable contra cierto orden de cosas.

Cuando se leen esas indicaciones de modo deforme se manipula la enseñanza para justificar la vieja herejía de la instrumentalización total de los animales. Se aduce que la Iglesia justifica el uso de estos seres para beneficio del hombre… Y entonces llegamos otra vez a un quid de la cuestión: qué es beneficiar; pues beneficiar es «hacerle bien», en sentido total.

La condena del utilitarismo cosificante al afirmar que estos seres vivos tienen valía de por sí, conjugada con este purificar y

51

repensar qué significa el mandato del «dominio» otorgado al hombre, conducen a aclarar el sentido de qué pueda beneficiarle en su relación con los animales. No un beneficio materialista, expresión de un dominio cerrado en sí que maniobra y tiraniza respecto a las criaturas, sino algo bueno para el hombre, un algo bueno que le hace bien. Esto, incluso enfocado en el uso alimentario de ciertos animales, tiene una dimensión espiritual que, como todas las venidas de parte de Dios, es receptividad.

Esto es lo que beneficia al hombre, lo que le hace bien en esta dimensión que estamos tratando: el que sea fiel a su ser *imago Dei* respecto a los otros seres creados. Vicario de un Señor de vida, no usurpador tiránico.

Los animales ayudan al hombre. En todos los sentidos. El amor a los animales lo es según Dios, y en esta representación Él mismo ha querido que se dé un intercambio espiritual: los hombres respetan a los animales y Dios los *usa* para llamar al hombre, para enseñarle. La crueldad está fuera de lugar. Y el Catecismo lo afirma sin ambages y de modo determinante: «Es contrario a la dignidad humana hacer sufrir inútilmente a los animales y sacrificar sin necesidad sus vidas» (n.2418)…

Por supuesto, muchos, y entre ellos de modo relevante los taurinos, discutirán con los críticos sobre qué es útil y qué es necesario para el hombre… Nosotros, por nuestra parte, podemos afirmar rotundamente y antes de confrontarnos de modo directo con el asunto que ocupa esta reflexión, que la tauromaquia, objetivamente, es un compendio de negación de todos y cada uno de los «fundamentos» sobre la relación entre hombre y animales que hemos querido plasmar en este primer capítulo.

Cap.- 2.
SUFRIMIENTO ANIMAL:
LOS SOFISMAS TAURINOS

«Los toros» al servicio de un falso señorío humano

La tauromaquia, en sí, contradice el concepto de «dominio» otorgado al hombre en la creación, tal y como lo entiende el Magisterio de la Iglesia. Porque no establece una relación que por eso mismo está sujeta al marco establecido por Quien ha hecho posible tal relación. No nos referimos sólo a una relación de amistad, sino, en la era presente, una relación que incluye el conflicto, incluso la sangre, pero que anuncia de alguna manera el mundo venidero. ¿Cómo, si hay sangre?... Porque el dinamismo está signado por la necesidad, porque se reconoce a Dios como el dador de lo que es necesario para la vida, porque entonces se introduce en el corazón del drama un espíritu de agradecimiento que se extiende a las criaturas que nos ayudan a vivir. Y esto se traduce en esta exhortación magisterial de la Iglesia que ilegitima la crueldad y los daños innecesarios.

El toreo es un espectáculo en el que, objetivamente, se daña grave y metódicamente a un ser pasible, sintiente. El daño físico y emocional, pues el toro se sabe severamente agredido, va creciendo en intensidad y modalidades hasta que al fin se le da muerte de modo violento, público y ritualizado. La sangre abundantemente derramada por las diversas *puñaladas* sufridas en medio de griteríos intermitentes testimonia el daño sufrido. Los taurinos protestan ante esta descripción: bien, ya sabemos que hay más elementos esenciales de «la fiesta». Luego volveremos sobre ello. Pero, a pesar de la protesta, la descripción se corresponde con la verdad. El resto de *verdades* que los taurinos aducen para legitimar su práctica no desdice la realidad expresada en ese cuadro descriptivo. Sin él no hay «fiesta».

Pues bien, esto se defiende como legítimo... sencillamente porque lo idea, lo pergeña y lo ejecuta «el hombre». Es decir, la legitimidad brotaría de una omnímoda autoridad sobre las otras criaturas que le habría sido conferida al hombre: por Dios, según el ideologismo de matriz cristiana; por la naturaleza según el resto...

El «antropocentrismo situado» de que habla la Iglesia es aquí desplazado a priori por un antropocentrismo absoluto en que el entorno de este hombre —usurpador de la autoridad divina y por eso converso en tirano— es concebido de modo total como instrumento manipulable a voluntad. Ni dinamismos internos a respetar, ni acercamiento sagrado, ni simpatía amorosa, ni agradecimiento... sino «cosas» para uso y abuso.

El argumento antropocéntrico no situado sino cerrado en sí es recurrente en esta historia:

«Al ver que el toro arranca veloz para castigar el insulto provocador del banderillero, confieso que mi alma queda sobrecogida con las más violentas emociones. Alternativamente le aprisionan el miedo, el terror, el asombro; y cuando en mi desvanecimiento veo unidos en el inapreciable instante de un golpe el hombre y el toro y contemplo, casi en el mismo acto, resultar de ese golpe el hombre ileso y sonriente y el toro con los rehiletes (banderillas) saltando iracundo y bramando de coraje, bato las palmas con movimiento irresistible y entre el frío del terror y el enardecimiento del entusiasmo, no puedo menos de exclamar: ¡prodigio de la inteligencia, hasta en el último grado de la escala social hace al hombre heroico y sublime

54

y le entrega el cetro de la dominación sobre los otros seres!»[38]

El cetro de la dominación... El P. Remigio Vilariño, prolífico autor de obras devocionales y apologéticas moralistas propias de su época, escribía en 1932 en la revista *El Mensajero del Corazón de Jesús* sobre las corridas de toros afirmando ese lugar común basado en una deforme lectura del «dominio»:

«La corrida de toros es de suyo un espectáculo altamente racional y que contiene profunda enseñanza... Una corrida, en efecto, bien llevada, es una demostración de cómo el hombre con las facultades espirituales que Dios le ha concedido, puede, con menos fuerza material, dominar al bruto más poderoso de la tierra... Rafael Molina, *Lagartijo* (...) pisando siempre en firme, sin salirse de un metro cuadrado del terreno, cimbreando a un mismo tiempo su cintura, sus brazos y toda su hombría con suprema elegancia y dominio, rendía al bruto hasta dejarle parado, echando baba por sus fauces, mientras él, echándose ya al hombro su defensa, se salía por fin a paso lento, sin dignarse atender a su enemigo... Esto como digo, es la expresión de aquella verdad bíblica: "todo lo has sujetado al hombre: las ovejas, los toros, todas las fieras del campo"»[39]

El P. Pereda, a quien ya hemos citado, escribía en su libro sobre los toros, publicado en 1965, expresiones que atienden a la misma lógica. Describe la destreza, el colorido de las escenas, la tensión ante el peligro... «hasta que cae por fin a sus pies vencida la fuerza bruta por su inteligencia y valerosa audacia»[40]. Y suma y sigue... «El ser humano es el rey de la creación, y ser animal no

---

[38] Miguel LÓPEZ MARTÍNEZ, *Observaciones sobre las corridas de toros, y contra la supresión oficial de las mismas* (Establecimientos tipográficos de M. Minuesa, Madrid 1878) 17
[39] En p.904, año 1932 (Bilbao)
[40] P. Julián PEREDA S.J., o.c., p.186

humano está condicionado a este reinado»[41], escribe un defensor de «la fiesta». Otro defensor, al calor del debate originado por algunos eurodiputados a fines de los ochenta del pasado siglo, afirma con rotundidad religiosa:

«A lo largo de la lidia ningún sentimiento rechazable se apodera de mí, porque, a mi juicio, la *fiesta* —y desde una óptica de hombre trascendente— me parece una sublimación de la primacía de la *suprema criatura* sobre la Naturaleza, puesta a su servicio»[42]

Y años después, Don Rafael Cabrera Bonet, director del Aula de Tauromaquia de la Universidad CEU San Pablo[43], predica que «en primer lugar, la naturaleza está al servicio del hombre, y no al revés. Este argumento es fundamental, y es el que sirvió a nuestros moralistas del Siglo de Oro para rebatir incluso argumentaciones papales en contra de la Fiesta de los toros»[44].

Este previo principio en que la naturaleza está al servicio del hombre se puede leer de modo legítimo atendiendo quién es este hombre: vicario y no dueño; qué vínculo intrínseco tiene con la naturaleza, siendo también él criatura inserta en un gran orden

---

[41] José Ignacio URUÑUELA en *El País* (14-10-1988)

[42] Manuel ORTIZ TAPIA en *Ya* (12-6-1989)

[43] ...Sí, bajo la cobertura del nombre del Apóstol se hace proselitismo, cultísimo y eruditísimo de las corridas de toros. San Pablo murió violentamente en un contexto cultural que había legitimado, en nombre de la superioridad del hombre sobre «las bestias», los espectáculos sangrientos en que se confrontaban hombres y animales, se sorteaba la muerte mediante la destreza y se adornaba todo el cuadro con elementos esteticistas. ¿Nos suena a algo? Aquel contexto fue impugnado en la práctica por los cristianos: como ilustra Hamman en su valioso estudio sobre la vida de los cristianos del siglo II, uno de los motivos de sospecha y de inclusión en ficheros de la policía de determinados ciudadanos era el dejar de acudir al circo; esto era indicio de profesión de cristianismo.

[44] Rafael Cabrera, «Respeto por el toro»: Alfa y Omega (10-V-2007) 5

que hace posible su existencia; qué obligaciones tiene para con ella, pues se le ha encomendado el ser custodio del jardín de la creación. Esta lectura de la relación no es compatible con el aducir el principio señalado para justificar cualquier ocurrencia del hombre, cualquier iniciativa en el mundo de las criaturas sólo porque la protagoniza el hombre. Que es lo que se traduce de las palabras de señor Cabrera: la tauromaquia es lícita porque el hombre puede usar a su antojo una naturaleza que se le ha dado como cosa, como recurso. Y ya. Buscar argumentos añadidos para la legitimación de la práctica sólo sería una desagradable obligación a consecuencia de la existencia de críticos.

Esta concepción errada de la responsabilidad que Dios regala al hombre se puede disfrazar espiritualmente. Hay quien frente a la crudeza que supone el concebir a las criaturas pasibles como cosas al arbitrio del hombre, pretenden entonces situar a «la fiesta» en términos místicos: el cetro del que hablan los otros para justificar la práctica del toreo, aquí se expresa en un camino sublime de santificación con la tauromaquia como lenguaje:

«No es razonable pensar, ni siquiera por un momento, que cientos de millones de personas, a lo largo ya de siglos, especialmente en España y en América, vivan y gusten de la fiesta de los toros por mero capricho. Ésta, sin duda, encierra más, incomparablemente más, que simple entretenimiento, como miles de obras de arte y de libros han puesto de manifiesto de manera incontestable. Basta con hacer en la cuenta de que no es ninguna broma el hecho de medirse el hombre con la fiera; y de que no es posible explicarlo como si de una locura se tratase. Que los hombres sigamos la llamada del Creador, al hacernos a su imagen y semejanza, a someter la tierra, a dominar "en los peces del mar y en las aves del cielo, y en las bestias y en todas las alimañas terrestres", como aquí mismo recodabamos la semana pasada a propósito del trabajo, no puede en absoluto calificarse de desvarío, ciertamente. Es, en definitiva, la sed de infinito que ha llevado siempre al ser humano, desde la satisfacción de sus necesidades básicas de supervivencia hasta las más altas cotas de los deportes y de las artes, a superarse a sí mismo en la conquista de la naturaleza, signo fehaciente de la belleza y de la verdad de Dios»[45]

...Hombre, además de hacer desaparecer como absolutamente irrelevante o inexistente el sufrimiento animal, hasta llegar a concebir la creación de un escenario específico en que se provoca ese sufrimiento para supuestamente demostrar de ese modo una primacía espiritual del hombre, además de esto, el tono empleado por este apologeta místico-taurino es de tal calibre que los que introducimos en el discurso el asuntillo de la crueldad con el toro parecemos unos boicoteadores groseros y materialistas que empañan el sublime discurso. Tan sublime como falso.

Las referencias morales y espirituales con que se ilustra el hecho de la dominación del hombre que se suelen usar por parte de los partidarios de la tauromaquia no la legitiman, sino que parten ya de una legitimidad incuestionada. Es una trampa. El que los hombres se confronten con animales peligrosos, se entrenen para ello, ritualicen la confrontación, se alegren de la victoria respecto a esos animales y hagan tradición popular, épica, de tales victorias... y todo lo demás, tiene su lugar cuando esa práctica expresa la búsqueda de recursos para sobrevivir. Entonces el pueblo se alegra con las victorias, y se duele en las derrotas, porque tales victorias significan la comida, el vestido, el calor, las herramientas, las medicinas que le posibilitan el seguir caminando en la historia. No sólo lirismo brota de aquí, sino verdadera sacralidad en que se canta a la vida, y se asocia este combate a un gran drama sagrado en que la muerte tiene su lugar.

La trampa de la tauromaquia es proclamar todo ese canto sobre el triunfo del hombre, que testimoniaría su lugar en el concierto de los seres vivientes, sin partir de la manifestación de unas necesidades vitales y su justa satisfacción. Es decir, se hace un entramado artificial, un teatro, para representar el drama sin que exista tal drama: aquí ningún hombre debe mostrar sus destrezas frente a la muerte y su dominio frente a un animal peligroso para

---

[45] Anónimo, «Destellos de la Belleza»: *Alfa y Omega* (10-5-2007)

alimentar a su pueblo, con lo que este alimentar supone espiritualmente. El carácter de «enemigo» del animal, tal como lo definía en su cita el P. Vilariño, es otro artificio, un contexto diseñado que provoca la «enemistad» y la agresividad; no que se manifieste tal agresividad en su contexto natural y que el hombre se tope con ella a causa de las necesidades del propio hombre, sino una teatralización provocada. El toreo no es más que un espectáculo, una lírica de cartón piedra, que provoca sufrimiento en unas criaturas sólo para demostrar una relación tiránica: te hago sufrir para testimoniar que soy más inteligente y para decirles a los que jalean en la plaza que también ellos, aunque no se jueguen la vida, son más que tú.

Esta artificiosidad lírica, como decíamos, brota de una concepción errada del «dominio». Y por eso deforma la relación hasta el extremo de asociar de modo natural la necesidad de ocio de los hombres con la satisfacción de tal necesidad psicosocial mediante el sufrimiento de otros seres vivientes. Concebidos a priori como cosas a disponibilidad de las arbitrariedades del hombre. Justas siempre, o indiferentes, pues son del hombre...

«En los animales la razón de existir es el hombre; son para el hombre, y no sólo para sus necesidades fundamentales de alimentación, vestido y ayuda en el trabajo, sino también para el goce y deleite, mientas sea conforme a razón; y si alguno de estos fines no puede lograrse, como realmente no se puede lograr ninguno, sin la consiguiente fatiga, sufrimientos o muerte del animal, claro que entonces esta muerte y sufrimientos no son desordenados en sí, sino muy conformes a razón y que, por tanto, a nadie pueden razonablemente ofender»[46]

Es decir, el P. Pereda nos dice para justificar el toreo que lo mismo es matar a un ser vivo para comer, que matarlo para nuestro «goce y deleite». Una aberración.

Pero tal aberración no queda ahí, sino que abre la puerta a más conceptos aberrantes en la relación del hombre con los

---

[46] P. Julián PEREDA, o.c., pp 139-139

animales y en esta aplicación concreta que es la tauromaquia. El P. Pereda enuncia una instrumentalización absoluta fruto de una concepción antropocéntrica «no situada», es decir, dice que es una elección moral legítima atendiendo a ese principio cosificador que haría indiferente lo que haga el dueño con *sus cosas*; pero la apologética taurina va más allá, busca salvar esa indiferencia estableciendo una correlación entre el obrar y el ser que determinaría la práctica del toreo. Un argumento ontológico: no es sólo que sea legítimo moralmente torturar artísticamente a un toro en contexto de espectáculo festivo, sino que es prácticamente una *obligación* toda vez que... el toro existe y ha nacido para eso...

Esto es la quintaesencia de la instrumentalización, la negación radical de los principios enunciados por el Magisterio de la Iglesia y su autorizada interpretación bíblica del mandato de Dios al hombre.

Esta instrumentalización absoluta por la que se concibe a un animal como nacido para morir en un espectáculo pergeñado por los hombres es también recurrente entre los apologetas de la tauromaquia. Hacen comparaciones con los animales de granja, que supuestamente también existen *para* morir a manos de los hombres...

En fin, en las infinitas interacciones que se manifiestan en la naturaleza, hay determinadas confluencias en que la muerte de unos supone la vida de otros. La interdependencia general es asombrosa: un fruto concreto que es digerible por unos seres y para otros es tóxico... Las cadenas tróficas se revelan circulares y con múltiples niveles, subniveles, ramificaciones... En todo este proceso interviene el hombre tal como es el hombre: con una capacidad de penetrar, relativa pero realmente, en estos dinamismos, y hacerlos maleables. Así la agricultura, la ganadería, la apicultura, la sericicultura... No obstante, hay que ser humildes ante la obra de Dios: las declaraciones finalistas unívocas (esto sirve para esto, y ya) no son verdad porque no son toda la verdad. Un cordero de granja que se cría como suministro de carne para los hombres, en sí no ha nacido para eso. Puede ser alimento de unos lobos; interactúa con la vegetación y esto a su vez tiene vínculos vitales con el mundo de los insectos, que a su vez son factores de nutrición de la tierra, y etc, etc, etc.

La centralidad del hombre leída desde la revelación no le convierte en fin de todo por lo que este todo sería como una cosa manipulable a voluntad y que en su momento puede rechazarse como una cáscara o un trasto inútil. Esta centralidad, este ser fin de todo, incluye la asunción de que ese todo tiene valor porque es obra de Dios, y que por tal valor es precisamente objeto de una promesa: todo será recapitulado en el hombre resucitado.

El finalismo que aquí se manifiesta es radicalmente diverso a ese finalismo rastrero por el que el hombre se siente con derecho de hacer lo que le plazca con las criaturas y de proclamar que ese supuesto derecho determina la ontología de tales criaturas. Así se percibe en este sofisma taurino proclamado por doquier como justificante de «la fiesta»: que el toro existe para ser toreado. Ortega y Gasset, en ese apéndice a su libro exaltador de la caza consistente en unos epílogos, unos borradores, unas cartas, unos apuntes, un brindis... sobre «los toros», cuando habla del «misterio de la tauromaquia», de «la comprensión del toro», de la «furia dirigida», y se adentra en los orígenes de la «casta brava» y sermonea sobre la relación entre la filosofía y la tauromaquia, e identifica el ser español con ser taurino... parte de la evidencia, para él y para sus lectores, de que ese animal está ahí para «la fiesta». El filósofo, en estos escritos, no insinúa siquiera el más mínimo debate ético al respecto. Ni de modo indirecto, ni para rebatir a algún crítico que por la época sería casi seguro extranjero... Nada. Se da por sentado el hecho, y luego se hacen piruetas intelectuales sobre él.

Así pues, el toro existe para ser toreado... Los taurinos intentan habitualmente edulcorar la enormidad de esta sentencia aduciendo además motivos *humanitarios*: el toro vive bien, con lujos y placeres, y muere combatiendo con nobleza, mientas los otros animales bajo tutela del hombre viven una vida miserable de maltrato y mueren asimismo de modo miserable... y muy plebeyo[47].

---

[47] Es el argumento del P. Pereda en su libro apologético. Cf pp 164-165

Escribía el citado Urruñuela que «el toro de lidia es un animal privilegiado, hasta el punto de que sueño algunas veces que, si fuera realidad eso de la reencarnación en otros seres vivos, yo quisiera que me parieran toro de lidia. El toro de lidia es un ser vivo, que durante toda su vida goza de la más amplia libertad, recibe los mejores alimentos, pasea por hábitat natural, retoza con las hembras más placenteras de su especie. Y al final de su vida, si es noble, muere entre aplausos y hace felices a unos miles de seres humanos (...) puesto a ser animal, el toro de lidia es un chollo»... Luego, este taurino aspirante a que le claven banderillas de arpón para ahondar las heridas, le hinquen pullas una y otra vez, se burlen de él y su desesperación cuando ataque para defenderse, le corten cualquier vía de escape y acaben atravesándole el cuerpo desde el cogote... este taurino ironiza contrastando la espléndida vida del toro ante mortem con «el triste destino» de chanquetes y angulas devorados «en su tierna infancia»... Su ironía, su broma sobre los chanquetes y demás, aterriza ya en serio en otro clásico de la apología taurina: la alusión a la vida de los animales de granja... pollos de factoría que no ven la luz, cerdos encerrados en establos para su engorde... «Me parece una hipocresía defender los derechos del toro y olvidarse de los derechos de todos los demás animales, a los que sacrificamos por el bajo placer individual de la deglución de sus carnes».

«Aparte del valor intrínseco de la raza bovina *toro bravo*, éste es el único animal que muere dignamente y que ha nacido para ello. Los medios de comunicación no dan noticia escrita o gráfica de la indigna muerte, cada día, de millones de animales de carne que se matan en serie, industrialmente, que también tienen unos ojos que miran con pavor y un temblor quizá premonitor de la vergonzosa industria en que se van a convertir»[48]

Esto escribía otro aficionado, también en una de las épocas álgidas del debate. Forma parte del discurso. Así, el autorizado señor Cabrera, director del Aula de Tauromaquia del CEU, insistía

---

[48] Luis CABELLO IBÁÑEZ, «Ayunos en tauromaquia»: *El País* (9-2-1989)

tiempo después en el artículo citado en este doble argumento: ha nacido para eso, y los de granja, en sí y fatalmente, viven maltratados...

«El toro de lidia es una especie única cuya existencia, dados sus escasos rendimientos cárnicos o lácteos, se debe a este tipo de festejos. El filete que comemos en la comida está sacado de un animal manipulado genéticamente, sacrificado con menos de un año, después de tenerlo estabulado y medicado para su engorde; mientras, el toro de lidia está criado de forma natural, durante cuatro años, al aire libre y disfrutando de la naturaleza»...

En ocasiones los sofismas de la tauromaquia son bastante burdos. Evidentemente, las alusiones y acusaciones a los antitaurinos en referencia al consumo de carne y los procedimientos para conseguirla, sólo pueden pretender, de parte del mundo taurino, el acusar a los otros de hipocresía. Porque el mundo taurino jamás se ha hecho notar socialmente por protestas y propuestas que tengan que ver con el bienestar animal en ninguna circunstancia. Que haya taurinos que no consientan, por ejemplo, el maltrato a un perro, es evidente. Que a ese mundo le importan poco o nada los asuntos relativos a los transportes animales, el carácter de las granjas, la alimentación y los modos de sacrificio, también es evidente. Nos quedamos pues con la acusación de hipocresía dirigida a los críticos de la tauromaquia.

Aquí los presupuestos falsos usados para mantener el discurso de la hipocresía son clamorosos. En primer lugar y para sostener el contraste entre la vida feliz del toro de lidia y la miseria de los otros animales controlados por el hombre y destinados por éste a ser sacrificados, los taurinos dan por sentado que la vida del buey, por ejemplo, tiene que ser de modo fatal la de un ser maltratado, un esclavo al que se le trata sin compasión... Esto ocurre, por supuesto: maltratos generalizados y sistémicos en granjas y mataderos del mundo. Lo que llama la atención y revela la falsedad del argumento taurino es que esto se muestra como consustancial a ese tipo de relación entre hombre y animales. Un determinismo fatalista —por el que las cosas son así y no pueden ser de otro modo— que es asumido como tal por el taurino… y sería ocultado vergonzosamente por el antitaurino, quien se empeña en hablar de crueldad en un caso mientras guarda silencio sobre lo otro. La acusación al respecto es recurrente en esta polémica. Así, para sostener la acusación los defensores de la tauromaquia hablan, por ejemplo, como si entre los antitaurinos no hubiera ningún vegetariano… O establecen a priori que de entre los muchos omnívoros antitaurinos ninguno cuestiona esos modelos de granja industrializada, y que legitiman, por tanto, los modos inherentes al modelo: explotación intensiva, hacinamiento, estabulación, medicamentos para engorde, piensos *contra natura*, ausencia de higiene, ausencia de luz y de aire limpio, crueldad en el trato, crueldad en los modos de sacrificar… Yendo más allá, la polémica basada en el sofisma indicado, también establece que ningún antitaurino (que según el presupuesto sería en sí un hipócrita si no es vegano) cuestiona el modelo alimentario (la primacía cárnica, por ejemplo); y, por supuesto, que ningún antitaurino cuestiona el modelo económico-social que origina las enormes concentraciones urbanas, las megalópolis, que precisan de macrogranjas, macromataderos, y toda la locura activista y vertiginosa propia de este callejón sin salida…

Bueno, de hecho, quienes desde diversas cosmovisiones denuncian las prácticas que según los taurinos son consustanciales al consumo de carne, y quienes denuncian el modelo subyacente que ocasiona tanto maltrato animal… son todos antitaurinos. Desde la cosmovisión cristiana también se denuncia todo esto y también se puede hacer y se hace, como aquí, declaración de ilicitud de la tauromaquia.

Es claro, sin embargo, que entre los críticos a las corridas de toros hay muchos que, ante esos retos enumerados aquí, miran para otro lado: les duele sensiblemente el ver la tortura y muerte del animal en un coso, pero de dónde viene y cómo le ha venido el filete que se va a comer prefieren no preguntarse jamás. El sofisma taurino consiste en esencializar esta actitud: para ellos todo enemigo de la tauromaquia usa de una doble vara porque participa de esas crueldades que, por otro lado y según los taurinos, son inherentes al consumo de carne. Dos falsedades.

Llamados a una compasión universal

Antes de continuar con esta confrontación que como cristianos sostenemos con los entresijos espirituales y morales de «la fiesta», conviene plasmar el contraste de actitudes originado por los previos de los que se parte a la hora de contemplar las relaciones del hombre con los animales. Acabamos de ver de modo genérico en el anterior epígrafe que la última fundamentación pretendidamente legitimadora de la práctica del toreo es una concepción del señorío del hombre en la creación que contradice la letra y el espíritu de las declaraciones magisteriales de la Iglesia y del testimonio de unas tradiciones insertas en la Gran Tradición que transmite la Verdad y la desenvuelve a lo largo del tiempo y hasta la parusía.

Efectivamente, del mismo modo que Jesucristo afirma sin ambigüedad la verdad de su Señorío ante los discípulos para inmediatamente iluminar que es este Señorío el que le conduce a «servir y no a ser servido», el hombre, a quien Dios confía la creación, sólo puede ser digno de un mandato de tal magnitud si sostiene y expresa una actitud de servicio, de relación personal con las criaturas, de vicario del Creador, a Quien estas criaturas dan gloria por su sola existencia. Como vamos afirmando de modo reiterado en esta reflexión, esta actitud condiciona los sentimientos y condiciona las acciones.

El contraste no puede ser mayor respecto a quien siente, piensa y actúa en la creencia de que los animales son meros objetos a su disposición sea esta la que sea: por ser suya tal disposición, sería legítima. Esto induce a crueldades y a indiferencias crueles.

Los cristianos nacidos en el contexto de la actual crisis ecológica y en la atmósfera en que se manifiestan preocupaciones crecientes por el mundo animal en muchos corazones confusos por las ideologías pero tanteados por intuiciones verdaderas, tienen muchas cosas que decir como tales cristianos respecto a las actitudes del hombre frente al sufrimiento animal.

65

Hermanos como Andrew Linzey, teólogo anglicano, se han destacado en el empeño. En 1995 la editorial Herder publicaba en español su obra *Los animales en la Teología*, libro muy valioso en sus aportaciones testimoniales y en la pasión manifestada por el respeto sagrado a los animales. No exento de criterios polémicos para muchos de los que fundamentalmente están de acuerdo con él, el libro, sin embargo, aborda con valor diversos aspectos de este gran reto espiritual: vivir fraternalmente —como Francesco— con las criaturas, y denunciar como indigno del ser humano los sufrimientos gratuitos infligidos a los animales.

Hermanos, en fin, como los católicos Charles Camosy, autor de *Por amor a los animales: ética cristiana, acción consistente*, publicado en 2013, o Mary Eberstadt, periodista destacada en la defensa de la vida humana, denunciadora del aborto y apasionada defensora de los animales; o como el ortodoxo Kallistos Ware, metropolitano de Diokleia, propagador de una espiritualidad cristiana de compasión por los animales; o el evangelista José Herrera, autor de *La Resurrección animal: el Pacto de Dios con los animales*...

En al ámbito de nuestra cultura hay antecedentes inmediatos de esta preocupación espiritual por el sufrimiento de los animales. El clérigo inglés Humphrey Primatt, en el siglo XVIII, destacó por esta causa. Este hermano, enemigo de la esclavitud entre los hombres y que afirmaba sin ambages que «la crueldad es ateísmo», escribió en 1776 su famosa *Disertación sobre el deber de misericordia y el pecado de crueldad hacia los animales brutos*... «El dolor es dolor, ya sea infligido al hombre o al animal, y la criatura que lo sufre, siendo sensible al sufrimiento mientras dure, sufre maldad inmerecidamente, sin provocación, cuando no s ele ha hecho ofensa. Ningún buen fin puede desprenderse de ello, sino meramente exhibir poder y malicia gratuita»... Exhibir poder, he ahí la cuestión...

Entre el siglo XVIII y el XIX también destacó en esas denuncias bajo motivación cristiana contra el maltrato y crueldad hacia los animales William Wilberforce.

Estos afanes no vienen de la nada, ni son mero producto cultural de alguna época y contexto. Estos factores pueden ser ocasión de que se manifiesten, se activen nociones que están en el corazón de la revelación cristiana. Por eso es fácil descubrir una larga tradición entre santos y creyentes, como vimos antes, no sólo de relación amistosa con los animales sino de dolor y compasión por sus sufrimientos. Y con más profundidad por sus injustos sufrimientos. La benevolencia y el amor a que estamos llamados traen esta compasión. Y esto no es un añadido que se pueda desechar, ni un matiz de escuela que se pueda elegir o no, sino una consecuencia ineludible de la vida espiritual.

Así y como ya hemos señalado antes, la Iglesia docente nos advierte en el Catecismo de que hacer sufrir inútilmente a los animales «es contrario a la dignidad humana». Palabras que el papa Francisco insertaba en la encíclica *Laudato si* especificando que «todo ensañamiento con cualquier criatura» contrarían la dignidad de los hombres, y añadiendo que no sólo la crueldad, sino «la indiferencia ante las demás criaturas de este mundo» (n.92) se oponen a la integridad del ser humano, a su salud espiritual: esta quiebra del propio ser del hombre cuando daña a los animales sin necesidad y cuando pasa de largo ante sus sufrimientos tiene una consecuencia precisa: «el corazón es uno solo, y la misma miseria que lleva a maltratar a un animal no tarda en manifestarse en la relación con las demás personas» (ibid.). Esta evidencia espiritual ha sido vivenciada por muchos santos a lo largo de la historia. Años antes de que se publicaran estas enseñanzas, el Venerable José Rivera escribía en su Diario:

> «La compasión con los animales. San Felipe, extremado en ello, como San Francisco… He pensado muchas veces en el tema. Y concluyo que habrá que insistir en ello, pues la crueldad se extiende sobre los hombres, cuando la actitud es cruel frente a los seres pasibles (…) todo lo que sea gozo con sufrimiento de los animales, o indiferencia incluso, viene sin duda del mal»[49]

---

[49] José RIVERA RAMÍREZ, o.c., nn.35.36, p.33

La denuncia de este vínculo entre crueldades forma parte ya del acervo del pensamiento cristiano: «el hombre que maltrata a un animal es un mal hombre que hará lo mismo con sus semejantes en cuanto pueda»[50]... El no consentir en la indiferencia, rechazar la crueldad y abismarse en una compasión universal supone aún más: un introducirse en el vértigo del misterio de un orden que *incluye* las carencias expresadas en el dolor y la muerte de las criaturas pasibles, el vértigo de las desconcertantes permisiones de Dios, de las batallas de esta era en que el mal, los males, son *providencializados* para bien por obra de la omnipotencia amorosa de Dios. El matrimonio Maritain, antes de conocer a Bloy, antes de su conversión, cuando llegaron a sopesar el confrontarse con el absurdo de la existencia mediante el suicidio, exigían en su corazón una respuesta plena que diera cuenta del sufrimiento universal... incluso el de las criaturas no humanas... Esto no es algo que pertenezca al ámbito de la sensiblería, sino de las honduras del espíritu. Por cierto, esto de la sensiblería es otra de las acusaciones venidas desde el mundo de la apologética de la tauromaquia.

La compasión universal viene de la Verdad. La gracia de Jesucristo la hace posible, el Espíritu la concede allí donde encuentra receptividad: la religiosidad constitutiva del hombre, expresada en las diversas tradiciones religiosas, atestigua la presencia de esta acción del Espíritu Santo, de Dios. Hay un hadiz de Mahoma, muy significativo al respecto, que expresa la universalidad de esta verdad y cómo hay hombres y mujeres de toda circunstancia —circunstancia siempre providente— que han acogido esta gracia:

«En su libro Islamic Concern for Animals, el imán de la mezquita de Londres Al-Hafiz B.A. Masri expresa todo su dolor respecto a los excesos perpetrados en animales en nombre de la religión. Refiriéndose al Santo Quran Majeed y a las enseñanzas de Mahoma, se rebela contra todo acto de tortura a los animales; incluso tener aves enjauladas es

[50] Carlos DÍAZ, *De aquellos anawim a estos* (Ed. Anawim, Madrid 2025) 212-213

un pecado. Repite las palabras del Profeta: "Dios pedirá cuenta a todo aquel que mate a un gorrión (...) Alá se mostrará misericordioso el Día del Juicio con aquel que salve la vida de un gorrión y se apiade de él"»[51]

La historia de la espiritualidad cristiana está jalonada de testimonios de esta compasión suscitada por el sufrimiento animal. Encontramos estos testigos en mundos muy diversos entre sí... en los Padres del Desierto, en los místicos medievales de occidente, en el Renacimiento, en toda la historia de la espiritualidad del oriente cristiano, entre hermanos contemporáneos...

Las vidas de los Padres del Yermo, a caballo entre la historia y la leyenda, son elocuentes al respecto. Sobre Marcos, monje en Egipto:

«Se le atribuye un milagro que otras fuentes asignan a Macario. Una hiena le llevó su cachorro ciego para que lo curara. Marcos le devolvió la vista con su saliva y su oración. La hiena, en agradecimiento, le llevó la piel de una oveja que había matado y el santo la recibió sólo después que la fiera le prometió que no volvería a matar más ovejas»[52]

De San Ricardo de Chichester (o de Wych), quien nació finalizando el siglo XII, se han recogido unas palabras exclamadas a la vista de unos animales atados que iban a ser sacrificados... «Pobres inocentes criaturas. Si fueseis seres razonables nos maldeciríais. Porque somos la causa de vuestra muerte, ¿y qué habéis hecho vosotros para merecerla?». Hay más versiones transmitidas que muestran la reacción del santo ante la visión del sufrimiento de las criaturas, pero el sentido es el mismo: «Pobres avecillas que han de morir para servirme de alimento; no quiero ser la causa de que tengan que morir sin haber cometido delito alguno»...

---

[51] Marjolaine JOLICOEUR, *Vegetarianismo y no-violencia* (Ed. Luciérnaga, Barcelona 2002) 45

[52] P. José Luis LIZALDE, o.c., p.137

En la saga de las místicas medievales encontramos testimonios de esta compasión universal, vivida espiritualmente desde las profundidades de los dolores de Jesucristo. Así, sobre Margery Kempe se decía que «cuando veía un crucifijo, o si veía que un hombre tenía una herida, o un animal, o si un hombre golpeaba a un niño delante de ella, o castigaba a un caballo o a una bestia con el látigo, pensaba que veía a Nuestro Señor golpeado y herido». A Santa Juliana de Norwich se le dio el contemplar las interioridades misteriosas del sufrimiento universal: «Veo aquí la gran unidad entre Cristo y nosotros, porque cuando Él sufría dolor, todas las criaturas que podían sentir dolor sufrieron con Él» (*Libro de las Visiones y Revelaciones* C.18).

En el siglo XVI europeo destaca por su respeto a los animales un hombre universal: Santo Tomás Moro.

«Rafael narra asimismo una serie de costumbres y concepciones de la vida que dan idea de la actitud de los utopienses ante la existencia. Son ideas tales como el respeto por los animales, donde se refleja la actitud al respecto del propio Santo Tomás Moro»[53]

En efecto, el santo había escrito en *Utopía* sobre esta actitud situándola en un contexto sagrado cuando dice de los habitantes de su isla que «no matan ningún animal vivo en sacrificio, ni piensan que Dios se deleite en la sangre y la matanza, Quien tiene dado vida a los animales con la intención de que vivan».

La compasión universal, como constitutiva de la vida en el Espíritu, se expresa de modo muy bello en una obra escrita por Benson al despuntar del siglo XX. Se trata de su primera novela, titulada *La invisible luz*, en la que se nos presenta a un sacerdote que tiene el don de «ver» el mundo sobrenatural. Benson incluía en esas visiones el dolor de las criaturas, como testimonio de la verdad completa y como misión:

---

[53] Gerardo LÓPEZ LAGUNA, *Utopismo y maquiavelismo, el alma de la política. Una visión cristiana* (Indepently Published, 2021) 42

«Los sufrimientos del mundo —gritó de nuevo—, están llorando en mi ventana, en la ventana de un anciano endurecido y un sacerdote traicionero... los entregué con un beso... ¡Ah! ¡Los Inocentes Santos que han sufrido! Inocentes entre los hombres, los pájaros, las bestias, las flores; y yo seguía mi propio camino o me sentaba en casa al calor del sol, y ahora ellos vienen a pedirme a gritos que rece por ellos. ¡Qué poco he rezado! —Entonces rompió en un torrente de tierna oración por todas las cosas sufrientes»[54]

Benson, por boca de su personaje, vincula la Eucaristía, la Verdad última que se significa eficazmente en el sacramento, con la necesidad de redención universal que se expresa, también, en el sufrimiento de los animales. En la visión que el sacerdote recibe cuando está celebrando asoma todo el dolor de los hombres, todo el pecado, así como las criaturas todas sumidas en esos dolores. Unidos en el sufrimiento, los hombres y las criaturas, están unidos entonces en el amor de que son objeto:

«Más abajo en la cuesta había criaturas de todo tipo heridas, y bestias errantes buscando un lugar donde morir; hasta la misma vegetación parecía estar llena de dolor, y había ciegas criaturas marinas sollozando. No era algo pequeño, como pudiera pensar; yo lo veía como a través de un agujero en un muro. Se extendían hacia abajo, paso a paso, agitados, con esfuerzo, hombres y bestias en disputa, pisoteando las flores (...) Yo he visto cómo todas las cosas necesitan a Dios»[55]

La espiritualidad del Oriente cristiano ofrece asimismo muchos testigos de esta compasión. San Isaac el Sirio, del siglo VII, a quien el papa Francisco incluyó en el Martirologio Romano en el año 2024, se pregunta «¿qué es un corazón caritativo?». Su respuesta es la universalidad: «El corazón caritativo se inflama de amor para

---

[54] Robert H. BENSON, *La invisible luz* (Ed. Trébedes, Toledo 2015) 114
[55] Ibid, pp 123-124

con la creación entera, para con los hombres, las aves, los animales»... Y el amor significa el sufrir por el sufrimiento de los amados:

«El que tiene este corazón no podrá recordar o ver una criatura sin que sus ojos se llenen de lágrimas a causa de la compasión inmensa que embarga su corazón. Y el corazón se dulcifica y ya no puede soportar, si ve o se entera por otros de un sufrimiento cualquiera, aunque sólo sea una pena mínima infligida a una criatura. Por eso, tal hombre no cesa de rezar también por los animales, por los enemigos de la verdad, y los que le hacen daño, a fin de que se conserven y purifiquen. Reza incluso por los reptiles, movido por una infinita piedad que se despierta en el corazón de aquellos que se asimilan a Dios»[56]

En esta estela espiritual, San Nicodemo de la Montaña Sagrada, en el siglo XVIII, puede exclamar una oración tan elocuente como esta: «Señor Jesucristo, movido por tu entrañable misericordia, ten piedad de los animales que sufren»... Y el Monje ruso San Silouan, ya en el siglo XX, quien expresaba esa relación espiritual con las criaturas que habla de una unidad misteriosa entre el corazón del hombre y estos mensajeros de Dios[57], manifestaba asimismo esta compasión universal fruto del amor:

«El corazón que ama tiene compasión de todas las criaturas (...) Un día en que iba del monasterio al Viejo Rossikon, vi una serpiente cortada a trozos; cada trozo se agitaba aún convulsivamente. Fui penetrado de compasión por toda criatura, por cada ser que sufre, y lloré durante largo rato

---

[56] Cit en Vladimir Lossky, *Teología mística de la Iglesia de oriente* (Herder; Barcelona 1982) 81-82

[57] «Lamentaos conmigo, pájaros y animales salvajes (...) llora conmigo, creación entera de Dios, y consuélame en mi pena y tristeza» (Cit en Archimandrita Sophrony, *San Silouan el Athonita. Monje del Monte Athos 1866-1938* [Ed. Encuentro, Madrid 1996] 310)

delante de Dios. El Espíritu de Dios enseña al alma a amar a todo lo que sufre»[58]

Hay una profunda anomalía espiritual en el provocar sufrimiento gratuito a cualquier criatura, a los animales sintientes, pasibles. Y esta anomalía se ahonda más, objetivamente, cuando se institucionaliza de modo festivo tal sufrimiento. Y esta herida en el alma se puede agrandar más aún, cuando las crueldades objetivas y las irresponsables indiferencias ante el dolor ocurren bajo el amparo de la religión.

Como decíamos en la introducción de este libro, sabiendo que todos estamos llamados a un amor universal y gratuito, del que procedemos, y sabiendo que hay no pocas personas de buena voluntad, muchas de ellas abiertas a una sincera relación con Dios que se expresa en sus vidas y que, no obstante, se manifiestan defensores de «la fiesta» o cuando menos indiferentes a sus implicaciones, como supuesto tema menor e intrascendente... asumiendo estas premisas, somos impulsados a testimoniar, a hacer ver, a advertir, y, sobre todo, a anunciar una liberación que permite otear otros horizontes. En los que se nos da el tocar con la punta de los dedos los misterios de la Belleza y el vivir en la admiración y el estupor porque la Belleza habita con nosotros y se nos ha manifestado.

Un aterrizaje ineludible: «los toros»

No podía ser de otra manera. Los defensores de la tauromaquia se van a empeñar, como luego veremos, en distinguir los conceptos «cruento» y «cruel». Se empeñarán también en decirnos que el toro no sufre; y unas cuantas cosas más con el fin de conjurar la acusación, primera y evidente, que se cierne sobre la fiesta: crueldad ejercida sobre un animal en contexto de fiesta. Pero estas declaraciones magisteriales de la Iglesia que hemos plasmado antes y que declaran no sólo ilegítimas las prácticas crueles contra los animales, sino que advierten de sus consecuencias espirituales

---

[58] Ibid, pp 318.389

para el hombre, no pueden obviarse a la hora de confrontarnos con este fenómeno cultural que son las corridas de toros y otras prácticas aledañas a ésta.

Las declaraciones de la Iglesia son una concreción, en un momento histórico, de lo que se nos ha dado y que ya se vivía en el corazón de los hombres y mujeres abiertos a las mociones del Espíritu, a la gracia que proviene del Señor Jesucristo. La vivencia de algunos de estos hermanos se ha topado, según sus circunstancias, con la realidad de la tauromaquia; y algunos de ellos se han pronunciado en la clave con que abordamos este drama aquí: el sufrimiento animal. Esta aclaración es importante, porque — luego también veremos— han existido notables oposiciones históricas al toreo basadas en otros principios morales… que también obviaban, en general, el reto moral y espiritual del sufrimiento padecido por estos animales.

Antes hemos hecho mención de unas palabras del Venerable José Rivera que hablaban de «la compasión con los animales». Este sacerdote, en avanzado camino de los altares, ponía como ejemplo a San Felipe Neri y a San Francisco de Asís, precisamente los dos santos nombrados en el Catecismo como signo de esta actitud a la que todos somos llamados. Vamos ahora a completar la cita de «Don José» (así se le conocía y se le sigue conociendo por muchos) que antes hemos insertado en esta reflexión. Advertía este hombre santo que «todo lo que sea gozo con sufrimiento de los animales, o indiferencia incluso, viene sin duda del mal». E inmediatamente seguía con una concreción en la que se identifica, entre otras prácticas, a las corridas de toros: «La caza como deporte, los otros deportes o fiestas, en que se disfruta con el padecimiento de otros seres, me parecen inadmisibles»…

Decíamos que no podía ser de otra manera el que exista esta actitud entre hermanos y hermanas que se dejan santificar. Han acogido luces al respecto, y calor sobrenatural en el corazón, de un modo suficiente como para percibir de inmediato esta inadmisibilidad… Hay que imaginarse a San Francisco, el hombre al que las gentes llegaron a denominar con estupor *alter Christus*, otro Cristo, otra vez Cristo, el hombre que se ha identificado de tal manera con el Hijo del Hombre, que su santidad se revela universal, por encima de condicionamientos de época, estos que tantas veces han deslucido en algo la vida de tantos santos reales... una santidad, por tanto, perceptible por cualquiera... Hay que imaginarlo, digo... en una corrida de toros... El contraste no puede ser más brutal. Y entonces, de modo sencillo, ante una imagen como esta, se nos da a elegir...

Wilhem Hünermann nos ha ofrecido una de estas imágenes en su hagiografía sobre San Juan de Dios:

«Marchó hacia Sevilla. En San Bernardo, un suburbio de los alrededores, se colocó como vaquero en casa de doña Leonor de Zúñiga, una rica terrateniente (...)

En el mes de abril, un luminoso día de primavera, Juan y otros vaqueros llevaron cierto número de aquellos magníficos ejemplares a la plaza de toros de Sevilla. Fue entonces cuando asistió al cruel espectáculo de una corrida»[59]

Hünermann continúa su relato describiendo la corrida de toros. Este autor, sacerdote católico que vive y escribe en el siglo XX, no ahorra comentarios sobre la crueldad y el carácter sanguinario de «la fiesta»[60]. Tras la descripción y los juicios que emite como creyente, vuelve a la vida de San Juan de Dios:

«Los sevillanos salen del ruedo ensangrentado riendo y chillando. Doña Leonor, que también ha asistido al espectáculo, se muestra satisfecha. Sus toros se han portado bravamente y han hecho honor a su crianza (...) Juan de Dios se siente desgraciado, casi más que nunca en toda su existencia. No puede continuar sirviendo a quien entrega a los animales para tan cruel carnicería. Realmente las criaturas irracionales son mejores que los hombres que se complacen en su agonía. Así pues, Juan renuncia a trabajar con la noble ganadera»[61]

[59] Wilhem HÜNERMANN, *El mendigo de Granada* (Palabra, Madrid[5] 2010) 108.109
[60] Cf ibid., pp 109-111
[61] Ibid, p.111

Entre el siglo XVI —en que vivió San Juan de Dios— y el siguiente, trascurrió la vida del místico agustino Fray Cristóbal de Fonseca. Este hombre fue otro de los hermanos que, desde su fe, pudo percibir la anomalía espiritual de este gozar con el sufrimiento provocado a un animal. Provocado, además, con el sólo objeto de este gozar. Fray Cristóbal, frente a otros críticos de su época, se fija en la crueldad de los hombres, en su manifestación, desatada con motivo de la práctica del toreo. Y esto lo hace para que los hombres contemplen y comprendan cuánta ha sido la crueldad ejercida con Jesucristo durante su Pasión. No duda entonces en usar de las imágenes que nos brinda la tauromaquia. Por su elocuencia; porque contempla en las actitudes de los hombres sentimientos parejos hacia quien es señalado como víctima... Alguien que se deje llevar por sus prejuicios o por la imbecilidad congénita que todos llevamos dentro, quizá se haya escandalizado con este fraile, o se escandalice ahora, aduciendo que aquel hombre comparaba a Cristo con un toro... Lo que hacía no era otra cosa que denunciar la crueldad ejercida contra Jesucristo mediante una imagen contemporánea muy ilustrativa en la que se percibía sometimiento forzado, acoso y violencia cruel ejercida por una masa de personas contra una criatura. Obviamente, si Fray Cristóbal elige el usar de esta imagen es porque la realidad que comporta se le muestra como rechazable, y así lo trasmite:

«Y Cristo Nuestro Señor la llamó hora de ellos, hora de sus deseos y hora de su poder; porque allí todos tuvieron manos contra el Señor: judíos, gentiles, sacerdotes. Como cuando llega la hora de lidiar el toro, antes en el campo le temen y no osan llegar a maltratarlo; pero en saliendo a la plaza, unos le silban, otros le tiran garrochas, otros piedras, otros le echan la capa sobre los ojos, otros le jarretan y algunos por gentileza le alancean: así aquel pueblo, que antes no se había atrevido y siempre anduvo temeroso, en llegando la hora, unos le silban, otros le tiran garrochas, como los azotes y espinas; otros le jarretan, poniéndole clavos en sus pies; otros le cubren los ojos con la capa y otro por gala le atravesó con una lanza el costado. Es su hora»[62]

Tras algunas protestas, como la del obispo de Vic Antoni Pascual, a fines del siglo XVII —«las corridas de toros deben prohibirse totalmente, por ser contrarias a la caridad y piedad cristianas»—, el siglo XVIII nos ofrece más testimonios de cristianos que, por su fe, se oponen al maltrato animal que supone el toreo. Está el P. Martín Sarmiento, benedictino, que habla con absoluto rechazo de las «bárbaras y sanguinarias corridas de toros». El monje dice que no miraría «jamás con buenos ojos a los que a sangre fría hacen daño grave a los animales inocentes y domésticos». «Esta pública y sangrienta tragedia premeditada, con muertes de toros y caballos… ¿que los pueblos deben tener diversiones? Conforme, pero no perversiones». Para él estaba claro que se trataba de «una carnicería llena de barbarie y crueldad hacia el toro»… Como detalle que da luz: el P. Sarmiento escribía contra la tortura y la pena de muerte antes que el famoso Becaria…

Otro hermano suyo, benedictino también, de la misma época y más conocido, el P. Benito Gerónimo Feijoo, se manifestaba asimismo enemigo de la práctica a causa de la crueldad contra los animales. Crueldad que, como ha advertido posteriormente la Iglesia en su Magisterio, se vuelve contra el hombre mismo… Decía el P. Feijoo que la «sevicia hacia las bestias» tiene relación con la inhumanidad hacia los hombres. Así, en sus *Cartas eruditas y curiosas* afirmaba: «Siento que en un corazón, capaz de sevicia hacia las bestias, no cabe mucha humanidad hacia los racionales». En consonancia con esta concepción proponía el abandono del toreo por lo que suponía: «¿No fuera mejor que en vez de criar toros para hacer con ellos sangrienta carnicería, con muertes de hombres y de caballos, fuesen criados y sustentados para labrar las tierras incultas que hay en España?»… Palabras que le han valido la burla de los aficionados intelectualizados por, dicen, confundir toros con bueyes. Nosotros retenemos la denuncia de la crueldad; criar animales «para hacer con ellos sangrienta carnicería».

---

[62] Sorprendentemente citado en el libro del P. Pereda, pp 27-28

De Jovellanos y otros similares no hablamos porque, a pesar de que en sus posiciones antitaurinas se pueden rastrear influjos culturales cristianos, en ellos prima más la denuncia de la fiesta como algo atrasado, que no va al compás de la modernidad, que expresa costumbres atávicas que se deben cambiar por las finuras allende Los Pirineos y etc. Un elitismo cultural y social que no tiene que ver con las visiones manifestadas en nuestra reflexión. En el siglo XIX sí destacan las feroces palabras de Balmes contra «la fiesta». Palabras que no tienen doblez... «Las fiestas de toros son indignas de un pueblo civilizado y los extranjeros asistentes a dicho espectáculo se hacen cómplices de la barbarie española. Son fiestas reprensibles, bárbaras y dignas de ser extirpadas». En la misma época, Monseñor Plantier, obispo de Nimes, en el sur de Francia, donde la práctica había arraigado históricamente, afirmaba que «las corridas de toros son la vergüenza de nuestras costumbres y hacen que nos preguntemos si la ciudad de Nimes es una ciudad verdaderamente cristiana».

Ya en el siglo XX el obispo Pietro Gasparri, Secretario de Estado de la Santa Sede, se pronunciaba con energía frente a la tauromaquia. En una carta escrita en 1920 y dirigida a la presidenta de la Sociedad Protectora de Animales de Tolón, este cardenal le aseguraba que «aunque la barbarie humana se atrinchere aún en las corridas de toros, la Iglesia continúa condenando en voz alta, como lo hizo Su Santidad San Pío V, estos sangrientos y vergonzosos espectáculos». La clásica apelación antitaurina a la bula de aquel Papa no es objetivamente correcta en los que denuncian el toreo por crueldad contra los animales, pues aquella condena tenía otro fundamento moral... pero tenemos que excusar la inexactitud: los que así se han pronunciado y se pronuncian suelen ser cristianos, católicos, que intentan mostrar una incompatibilidad que perciben de modo espontáneo, y, sin más criterio ni investigación, teniendo el eco de que aquel Papa condenó la práctica lo incluyen en sus argumentarios... Bueno, al cardenal Gasparri sí le movía el reclamar respeto a los animales en nombre de la Iglesia, es decir, en nombre de la fe cristiana. Así lo reconoce el P. Pereda, un apologeta entusiasta de la licitud de «la fiesta»:

«Se nos dice que es un espectáculo cruel y, como tal, bochornoso, inmoral y reprochable. Las sociedades protectoras de animales le condenan como baldón de nuestro tiempo, y ya hemos visto las frases de reprobación con que le rechaza también, por idénticos motivos, el Excmo. Cardenal Gasparri»[63]

El goteo de declaraciones de rechazo venidas de parte de gentes a las que ha movido su fe, de un modo más o menos explícito, nunca ha cesado. Un Chesterton, por ejemplo, muestra con sencillez, sin apenas polémica, que estas prácticas con animales —sean corridas de toros o la caza inglesa del zorro— son crueles. Y como tales no deben formar parte de la vida de nadie. En uno de sus numerosos ensayos breves, en una colección de escritos dedicados a España según sus experiencias y visiones, se muestra reticente a entrar en el debate a fondo, pero deja caer esta idea fundamental: se trata de crueldad. Chesterton, hablando de las famosas procesiones de Sevilla, señala la existencia de muchas viejas danzas y procesiones conservados en ciudades y aldeas españolas. Constata que esto interesa poco a los turistas (de su época, claro) y este hecho le sirve para introducir el tema:

«Estos juegos y diversiones antiguas se han conservado en el pasado en toda la península española, pero me temo que sean muy pocos los turistas que se hayan molestado en presenciarlos en otros lugares menos famosos. Son pocos, ciertamente, en comparación con el número de turistas que corren deliberadamente a ver las corridas de toros para poder jactarse luego de que no pueden soportar ese espectáculo. He de advertir, de paso, que yo jamás he ido a ver una corrida de toros por una razón que ya expliqué a mis amigos españoles, y es que me molestaría mucho que alguno de ellos viniese a Inglaterra e inmediatamente se le ocurriese asistir a una cacería y presenciar la muerte de un pobre zorro para luego darse la vuelta y exclamar: "¡Qué horrible! ¡Qué repulsivo! ¡Qué clase de brutos con forma

63 P. Julián PEREDA SJ, o.c., p.137

humana son estos ingleses que dedican su vida a este deporte degradante!" Podemos entregarnos a toda clase de controversias y casuísticas con respecto a las corridas de toros o a las cacerías del zorro, y hay mucho que decir acerca de ambas. Todos los países presentan anomalías que nos impresionan como anormalidades y hasta abominaciones, pero no es ver un país buscar las cosas que se abominan. Ahora bien, me consta que los españoles que he conocido son buenas personas sorprendentemente bondadosas con los niños y normalmente nada crueles con los animales»[64]

Hay críticos que se han pronunciado con claridad en su rechazo de la tauromaquia, pero que son especialmente ambiguos respecto a las referencias cristianas a causa de sus posturas restantes. El cardenal Isidro Gomá, por ejemplo, quien afirmaba que «el toreo es el último escollo de una humanidad sin civilizar»… Aparte de la inexactitud objetiva del dicho, que aparece como una reducción simplista hasta el extremo del drama humano, es que Gomá está asociado, lo quiera o no, a las escabechinas practicadas en la guerra civil española por sus correligionarios contra otros seres humanos. Desde ahí, y sin reparar, pedir perdón y ni darse cuenta siquiera, hablar de incivilización de otros resta autoridad a su crítica.

Unamuno, con indudables referencias cristianas, también es ambiguo. Por sus vaivenes existenciales y por esa especie de culto a la instrucción y la educación como remedio de todos los males, que algunos sostienen. Sólo salva el amor. Y el amor puede y debe mover a compartir conocimientos y liberar de ignorancias dañinas; pero la educación, por sí, no salva. Y en algunas críticas a la tauromaquia se percibe ese tono clasista de aristocratismo intelectual que rechazaría la práctica por *plebeya*, por zafia y etc. Esto no construye. Unamuno, sin embargo, acierta cuando asocia la tauromaquia con la brutalidad y con ser una suerte de «opio del pueblo». Y esto le viene al escritor y ensayista de sus raíces

---

[64] Gilbert K. CHESTERTON, *El color de España y otros ensayos* (Ediciones Espuela de Plata, Sevilla 2007) 19-20

cristianas. A Eugenio Noel, protagonista de una ininterrumpida campaña contra la tauromaquia, le escribía en una de las cuatro cartas que le remitió:

«¿Poner su vida, su ardor, en una obra moral, más aún religiosa, si se quiere mística, en una obra de desbrutalizar al pueblo, de llevarle a otras preocupaciones, de que no malgaste su espíritu en un espectáculo entontecedor? ¡Usted es decididamente un loco!»

Decíamos que las declaraciones de oposición al toreo venidas de gente de fe siempre han continuado. En 1981 se pronunciaba al respecto quien fuera obispo auxiliar de Madrid, Alberto Iniesta, con unas palabras inequívocas:

«¿Podemos como cristianos —y aun hombres civilizados— quedarnos indiferentes ante una fiesta que degrada tanto al hombre?»[65]

En 1988 se distinguía en una campaña antitaurina en Italia Monseñor Mario Canciani, consultor vaticano de la Congregación del Clero, hombre de fe y de caridad notables, fiel a la Iglesia, sensible espiritualmente ante las injusticias del mundo, de muy buen humor. Y muy conocido por su defensa de los animales, fundamentada teológicamente; autor, por ejemplo, del libro *En el Arca de Noé: Religiones y Animales* (1990), se mostraba enemigo de la tauromaquia por la evidencia de su crueldad. Canciani, igual que había hecho Gasparri y siguen haciendo algunos cristianos antitaurinos, también echó mano de la bula de San Pío V, llegando a pedir excomunión para los que participaran en las corridas. Para él y su vivencia de la fe le resultaba inconcebible la existencia y la persistencia de tales costumbres.

De tanto en cuando siguen asomando las críticas en ámbito de fe cristiana. Me refiero a críticas explícitas, que suelen estar motivadas por algún acontecimiento o iniciativa concretos. Como, por ejemplo, entre cristianos ortodoxos, cuando en agosto de 2001 el que fuera alcalde de Moscú prohibió una corrida de toros que

---

[65] Mons. Alberto INIESTA en *Tiempo* (29-7-1981)

alguien había organizado allí: el Patriarca de Moscú, Alejo III, apoyó la prohibición declarando que aquello incitaba a la violencia y a la crueldad.

Que las declaraciones sean habitualmente circunstanciales, provocadas por algún evento concreto o alguna noticia, no significa que el posicionamiento antitaurino sea minoritario entre cristianos. Para muchos, con mayor o menor coherencia en sus vidas, eso es una obviedad. Y por obvio, pocas veces asoma. Pero esto no nos conforma, porque creemos que esos fundamentos que hemos expuesto en el capítulo primero forman parte de la vida espiritual a que todos estamos convocados. La disconformidad con la tauromaquia sería sólo una consecuencia necesaria, una aplicación evidente en un contexto espiritual acuciado, también, por la belleza de la teología de la creación y por una compasión en tensión universalista. Entonces no es cuestión de suponer, con falso optimismo, que muchos o la mayoría de los cristianos son enemigos de la tauromaquia, desafectos a «la fiesta»… Esto no tiene por qué ser expresión de esa vida espiritual de que hablamos, porque la vida cristiana no es *en negativo,* sino una libre proposición de la gracia para amar desde el ser amado. Es decir, el ser antitaurino por motivación cristiana es, debe ser, una faceta más de toda una cosmovisión signada por la Belleza.

¿Divertirse con el sufrimiento animal… con Dios como excusa?

En contradicción profunda con este *Evangelio de la Creación* proclamado por la Iglesia, vivido por tantos santos y santas de Dios, y que no sólo invita a la alabanza y la admiración, sino al combate por el bien, al profetismo enamorado… muchas fiestas religiosas han ido acompañadas, y siguen acompañadas, de actividades colectivas en que la centralidad es ocupada por el hacer sufrir a los animales. Luego hablaremos de los vínculos existentes entre religiosidad y tauromaquia, ahora sólo constatar hasta qué extremo la espiritualidad ecológica no ha sido integrada por los corazones de una multitud de fieles y ni siquiera les ha sido anunciada. Por supuesto, entre los masivos participantes en este tipo de diversiones crueles, hay asimismo una multitud que no tiene relación alguna con la religiosidad popular, o si la tiene es ajena a la Iglesia; tal *religiosidad* sería sólo un signo de pertenencia, de identidad, que no tendría en cuenta la más mínima indicación docente venida de parte de esta Iglesia. Pero los eventos, a pesar del paganismo manifiesto y explícito de muchos de los participantes, siguen circunscritos a las festividades religiosas bendecidas por la Iglesia.

En el contexto de aquellas iniciativas de finales de los años ochenta a que antes nos hemos referido, promovidas por algunos eurodiputados y que provocaron que el debate taurino asomara de nuevo con mucha virulencia, también afloraron denuncias sobre otras costumbres enraizadas en que se maltrataba a toda clase animales. Muchas de estas tradiciones estaban y están asociadas íntimamente a la tauromaquia, sea porque las diversiones culminan en corridas de toros, sea porque el toro es el protagonista de los maltratos. Algunos han pretendido desligar de modo esencial a la tauromaquia de estas fiestas. En un viejo artículo apasionadamente apologista de «la fiesta» el autor niega la existencia de crueldad en las corridas —que sólo se haría presente gracias a algún mal hacer—, y confronta las supuestas bondades del toreo con esas costumbres populares, «las capeas asesinas donde se asesina a la res, indefensa y sin edad»[66]...

El caso es que muchas festividades religiosas cristianas, en el ámbito cultural en que se desarrolla la polémica taurina, están acompañadas de bestialidades cometidas contra animales. Las denuncias al respecto también han tenido en cuenta, ocasionalmente, estas circunstancias religiosas. En 1987, con motivo de la elección de Monseñor Suquía como presidente de la Conferencia Episcopal Española, una conocida defensora de los animales de las Islas Baleares le escribió una «carta abierta» en que le instaba a intervenir al respecto. En el escrito, entre otras cosas, se pedía sencillamente coherencia «en nombre de todos los católicos que repudiamos estas diversiones crueles y sangrientas», que apoyara como autoridad espiritual las campañas contra el

---

[66] Federico Carlos SAINZ DE ROBLES, «El enemigo de la Fiesta»: *ABC* (13-5-1989)

maltrato animal y que utilizara «toda su persuasión para que las instituciones vinculadas con la Iglesia católica desistan de aceptar dinero obtenido de manera tan contraria al espíritu cristiano». Obviamente se refería a las corridas de beneficencia y similares. En la carta se aducían argumentos religiosos:

«Hoy día, cuando el ámbito de la Iglesia se está ensanchando progresivamente, somos muchos los católicos a los que nos preocupa y entristece el silencio de nuestra Iglesia sobre las vergonzosas prácticas cometidas por algunos ayuntamientos moralmente retrasados, que para celebrar las fiestas religiosas someten a indefensos animales a suplicios delirantes: gansos, gallos, burros, vaquillas y sobre todo toros. En estas llamadas "fiestas" se anima a los niños a participar en abyectos crímenes, extinguiendo sus sentimientos de caridad y corrompiendo sus almas, y ello a pesar de que Su Santidad Juan Pablo II haya manifestado reiteradamente que el respeto a los animales forma parte de la ética y de las obligaciones morales de los cristianos»[67]

En 1988 una asociación denominada ADDA (Asociación Defensa Derechos Animal) denunciaba los maltratos organizados con motivo de la famosa fiesta conocida como «el toro de la Vega». En el diario *El Norte de Castilla* de 13 de septiembre de aquel año la asociación declaraba: «nos parece bochornoso que en España a los santos se les honre acribillando animales»... Y tenían razón: ni siquiera se intenta ver si hay algún vínculo entre esas costumbres —o la tauromaquia— y las fiestas religiosas que son ocasión para la ejecución de las mismas. Hay un silogismo previo en que se enmarca la relación: fiesta religiosa significaría alegría popular; expresión de tal alegría, una serie de actos y diversiones en los que se maltrata, tortura y mata a diversos animales en clima festivo; luego la fiesta religiosa incluye el maltrato animal, y sin él no hay fiesta «en honor» de tal o cual santa o santo o de la Madre de Dios.

---

[67] Elsa GLUCK, «Carta abierta a Monseñor Suquía»: *El correo del sol* (suplemento de *Integral*) (Junio 1987)

El silogismo es falso: la alegría verdadera —o la tensión hacia ella— es una cosa, y las diversiones son otra. La alegría verdadera está en el bien, el amor. No, no es aburrida, ni sombría: uno puede reír a carcajadas, como San Felipe Neri; o mantener el buen humor siempre (contra toda supuesta evidencia psicológica), como el venerable José Rivera; o sonreír sincera e ininterrumpidamente, incluso en «noche oscura», como Santa Teresa de Calcuta... Las diversiones pueden ser sanas, cargadas de alegría verdadera; o pueden ser respiros en medio de agobios en espera del milagro de la paz y la serenidad; o espontaneidades en que se manifiesta lo mejor de una persona, o sus deseos inconscientes de ser mejor... pero también pueden ser malignas, extremadamente diabólicas... La historia humana sabe bien de esto...

El caso es que el drama está ahí: misa mayor, procesión... y crueldad en medio de risotadas. Hay costumbres que han ido cambiando gracias a la presión ejercida por algunas de las leyes de protección animal; otras se resisten al cambio; otras más se toleran, mirando a otro lado y obviando tales leyes. Al final, se tiende a encapsular el asunto de la tauromaquia, que ciertamente tiene más ingredientes que los que muestran estas otras fiestas populares pero que mantiene con ellas un vínculo esencial en cuanto ambas situaciones revelan ese tipo de relación del hombre con los animales que se opone objetivamente a la vocación a la santidad. Los defensores de la tauromaquia, a quienes mayoritariamente repugnan las leyes restrictivas o prohibitivas de estas costumbres insertas en las fiestas populares, asienten al fin a la aceptación de las mismas con tal de que no se ataque a la práctica del toreo, que así, indirectamente, quedaría como glorificado por contraste: toda la jerga y los conceptos vitales con que se unge a la tauromaquia como signo no sólo de una cultura peculiar, sino como síntesis de la vida, y aún de sus sentidos últimos, la hacen emerger como algo esencialmente diferente a las prácticas con animales que han ido jalonando históricamente a las celebraciones religioso-populares.

Estas celebraciones nos han mostrado todas las aberraciones... Aquellos encierros en Móstoles donde los asistentes apedreaban y acosaban a los toros...«las reses fueron literalmente acribilladas a pedradas, porrazos y pinchazos», «tridentes construidos con un palo y un tenedor, tirachinas y hondas»… El «toro de ronda» en Cariñena, Zaragoza, «donde al animal se le colocan unas antorchas de modo que al menor movimiento se desprenden gotas ardientes que le abrasan las partes sensibles del cuerpo», «objeto de todas las vejaciones: cruelmente golpeado, se le clavan pinchos y garrochas (yo vi una vez que le sacaron un ojo, del que manaba un chorro de sangre)»… En las fiestas del «toro embolado» de Medinaceli de 2015, el protagonista era un toro de 600 kilos llamado «Polvorín». Tras la fiesta, destinado al sacrificio, se detectó en la zona un brote de tuberculosis bovina que provocó la paralización temporal del sacrificio; el toro fue entonces reclamado para su compra por una supuesta ganadera que insistía en querer precisamente a ese ejemplar y no a otro porque lo necesitaba para hacer unos cruces… La mujer, en realidad, tenía un refugio para animales dañados y abandonados. Tras adquirir a «Polvorín», chequeo veterinario… Quemaduras graves en el lomo, un ojo perdido por abrasamiento, cuerdas vocales cortadas para evitar mugidos de dolor y terror que asustasen a los niños durante la fiesta…

El clima de exaltación popular ante la sangre es *un clásico* que revela ciertas profundidades oscuras que acechan al ser humano. Una crónica en que se da cuenta de que se celebró el *correbou* de Cardona, a pesar de la ley, donde se mató a dos toros:

> «Ante los gritos de la multitud: "que lo mate, que lo mate…", el alcalde de la localidad, Arnaste (PSC-PSOE), se retiró del balcón del Ayuntamiento. Cuando regresó, hizo un gesto similar al de los emperadores romanos ante un gladiador caído con la yugular amenazada por el filo de la espada contrincante: orientó el pulgar hacia el suelo. Era la decisión esperada. Y estalló el griterío: "alcalde, alcalde, alcalde…", "eo, eo, eo, eo…"»[68]

Cabras arrojadas desde un campanario (Manganeses de la Polvorosa); lapidación de gallos (Pollença, Morcillo); decapitación,

---

[68] *La Vanguardia* (12-9-1988)

por corte o arrancamiento, de ocas (Marquina) o de gansos (Carpio del Tajo, Lekeitio); decapitación de gallos, a caballo o no, con ojos vendados en algún caso, sea con un sable o arrancándole la cabeza (Palacios Rubios, Poveda, Albalá, Villaescusa, Guarrate, Garganta del Villar, Nalda, San Martín de la Vega, Canencia de la Sierra, El Pego, La Alberca)... Patos cazados a nado y con la mano, manojos de patos capturados con las alas rotas o asfixiados; cerdos engrasados perseguidos que sufren fracturas y amputaciones traumáticas de orejas y rabo, peleas de gallos en canarias y en Galicia... y, por supuesto y en relación con la práctica del toreo, toros y vaquillas. Como describía alegremente el autor de un libro sobre fiestas populares,

> «En Castilla el origen del juego con el toro en sus más divertidas variantes se pierde en la noche de los tiempos. Son absolutamente impensables unas fiestas sin toros... Fiestas de todos los tipos: toros enmaromados o ensogados, de fuego, encohetados, albardado de cohetes, toro júbilo, alanceamiento de toros, despeñamiento, capeas, encierros, apagones... Fiestas populares. Toros exigidos con fuerza a las autoridades. Pedidos y arrancados a los alcaldes. A voces e incluso con violencia. En Castilla no hay fiesta que se precie de serlo sin toros. Es sólo aquí donde el sentido lúdico y mágico del toro adquiere su máximo esplendor»[69]

Aquí, en referencia a los toros, la lista de lugares y de bestialidades en clima de enardecimiento colectivo y borrachera es inaudita. Los toros embolados y el terror por el fuego, las quemaduras y el acoso, las sogas de las que tiran todos, los dardos que acribillan, los acuchillamientos e incluso amputaciones, los tirones, las patadas, los palos, los emborrachamientos de vaquillas, los despeñamientos, el arrojar a los animales a acequias, al mar, a ríos...

[69] Carlos BLANCO ÁLVARO, *De año y vez. Fiestas populares de Castilla y León* (Ámbito Ediciones, Valladolid 1993) 111-112

Cierto es que muchas de estas prácticas están ahora abolidas o mitigadas o transformadas... por fuerza de ley. Pero no sólo se mantienen en vigor unas cuantas de ellas de modo abierto —declaradas incluso de interés cultural—, o disfrazado o seudoclandestino por la vista gorda de las autoridades inmediatas, sino que su espíritu pervive en muchos corazones: la mayoría de estos recapitulan su visión de las cosas al respecto centrándose entonces en la defensa de la tauromaquia.

El sufrimiento animal como constitutivo de «la fiesta»

La mayoría de los aficionados no tienen reparo en admitir esto, este sufrimiento como constitutivo del toreo: sin las puyas, las banderillas y los estoques, no hay «toros». Sin embargo, también en esta cuestión asoman, con altivez incluso, las objeciones de los taurinos intelectualizados, los que han hecho de la defensa de la práctica hasta disciplina universitaria. Aquí suelen emerger otra buena runfla de sofismas taurinos... que la fiesta no tiene nada que ver con la crueldad, que el toro no sufre, o que, por el contrario, tal sufrimiento es necesario, fatalmente necesario para que el toro sea toro, que nadie va al espectáculo a ver sufrir a un animal, etc.

La negación de crueldad es recurrente. Es un mero lema, para defenderse de la acusación. Un enunciado sin contenido en el que incluso se juega con las palabras. Así, en la gran polémica de los años ochenta uno de los apologetas afirma, porque sí, porque así lo dice él, que «el espectáculo es cruento, por derramamiento de sangre, pero no cruel»[70]. Otro de los entusiastas, un periodista taurino, niega también la crueldad aduciendo que el asunto encierra «muchas esencias». Pero no aclara, haya esencias o no, por qué no hay crueldad:

«Para nada es una fiesta salvaje. Es un rito que con el tiempo se ha convertido en un espectáculo. Si se mantiene viva, y mira el tiempo que ha pasado, es porque tiene

---

[70] Salvador CAYOL, «Los "europublicitarios" taurinos»: *Ya* (29-12-1988)

muchas esencias, porque es un espectáculo que enfrenta la fuerza con una belleza increíble»[71]

El paso del tiempo y la pervivencia de una costumbre, en principio nada dicen de ella en cuanto a su valor moral. El número de los ejemplos históricos al respecto es abrumador. En cuanto a la «belleza» volveremos sobre este tema más adelante. Una cumbre demagógica respecto a la crueldad son las palabras del citado jesuita P. Pereda. Según él, literalmente, no hay crueldad porque hay destreza en los banderilleros y matadores. Y si se acusa de crueldad al toreo... entonces —aduce Pereda con asombro—, habría que prohibir la caza por entretenimiento, las peleas de gallos, el tiro de pichón, etc. Es decir, una sarta de costumbres que, precisamente por constituirse sobre un sufrimiento gratuito infligido a animales, son denunciadas por la generalidad de los antitaurinos. Para Pereda son algo tan connatural, tan normal, tan fuera de discusión, que usa de este ejemplo, de la enormidad que para él supondría cuestionar tales prácticas... para defender no sólo la obviedad de la tauromaquia, sino para declarar la ausencia de crueldad en la misma. Esto no es una interpretación, sino sus propias palabras. Tras defender la suerte de varas, con alguna reserva —«¡Lástima que no pueda sustituirse la suerte actual de la pica por otra más airosa y bizarra, a lo Domecq, con rejones, no de muerte, sino de mero castigo!»—, dice:

«En las demás suertes no veo absolutamente nada censurable, desde el punto de vista de la crueldad, pese a los grititos histéricos de algunas extranjeras o extranjeros.

¿Qué supone de crueldad la brillantísima suerte de las banderillas, cuando de poder a poder, al sesgo o a la media vuelta, a pecho descubierto, sin defensa alguna ni más engaño que el airoso quiebro en el momento oportuno del derrote, clave el torero en lo alto del morrillo las dos banderillas, en lucha y encuentro maravilloso del instinto ciego, con la razón que le burla? (...) ¿Qué supone de crueldad la última suerte, la suerte de la verdad, como dicen

---

[71] Joaquín J. GORDILLO, Entrevista en *Teleindiscreta* (29-6-1990) p.82

los técnicos, en la que se harta el espada de burlar, en mil maneras, la fiera cometida del toro, haciendo derroche de arte y de hombría, ciñéndose y apretándose a la fiera de modo inverosímil, hasta que le hunde el estoque, entrando cara a cara, son más defensa que el ligero engaño de la muleta...?»[72]

Inmediatamente después de escribir esto, el autor lanza como respuesta a los acusadores de crueldad el absurdo argumento a que antes hemos hecho referencia:
«Si esto es cruel, hay que cambiar la vida de arriba abajo. Hay que acabar con las cacerías de entretenimiento (...) Hay que acabar con la pesca de placer (...) con la pelea de gallos (...) hasta con las carreras de galgos (...) con el tiro de pichón (...)»[73]

De modo más incomprensible aún, quiere remachar su argumento describiendo gráficamente los sufrimientos padecidos por los animales víctimas de tales prácticas incuestionables. Incluso, para introducir en su comparativa el asunto de los galgos, habla del «suplicio de Tántalo como lo sumo del sufrimiento», que «no pasó de ser un sueño mitológico y hoy lo convertimos nosotros en realidad, al lanzar a los galgos tras la liebre eléctrica, siempre al alcance de sus bocas y siempre más allá»... El apologeta taurino afirma, sin ponerse colorado, que el toreo no es cruel porque hay una multitud de costumbres perfecta y definitivamente legítimas según su juicio, que ocasionan graves y grandes sufrimientos a diversos animales.

Otro culmen de estas incongruencias compartidas por la generalidad de la apologética taurina, es la preocupación mostrada por el destino de los caballos implicados en «da fiesta»[74]. Los grandes defensores de la tauromaquia del siglo XIX e inicios del XX, Félix Llorente, Sánchez Lozano, López Pelegrín, Pascual Millán, Becerro

---

[72] P. PEREDA, o.c., pp 159-161
[73] Ibid, pp 161-163
[74] Cf ibid. 154 y ss

de Bengoa…, hablaban con pasión del sufrimiento de los caballos y usaban a menudo de la palabra «crueldad», así como posteriormente se ha hablado de la «humanidad» del peto… ¿Qué significa esto en definitiva?… Una suerte de ausencia del toro, como si no existiera en su plena realidad sino como factor ineludible de un proceder humano.

La densificación conceptual simbólica, artística, poética, trágica… propia de los apologetas taurinos crea un armazón cultural que quiere ocultar absolutamente un núcleo fundamental de «la fiesta»: divertirse o admirarse en un marco en que se provoca sufrimiento animal. Como si éste no tuviera entidad.

Esta crueldad con los animales se revela en el hacer del dolor y la muerte de un ser pasible un espectáculo. Los taurinos intelectualizados niegan esto con pasión. Efectivamente, ellos aducen que el corazón de «la fiesta» no está en eso, sino en el riesgo, la destreza para sortear el peligro, una destreza impregnada de ejercicios ritualizados, artísticos, en medio de un clima que acentúa ese carácter ritual: los trajes, los sonidos, el silencio expectante o los coros del público, sus aplausos, ovaciones, silbidos o abucheos, los pañuelos agitados, los brindis, el orden de las «suertes»… En el gran debate del 88 el filósofo Víctor Gómez Pin, apasionado defensor de «la fiesta», publicaba un agresivo artículo contra los antitaurinos en el que se defendía, atacando, contra esta acusación:

«Carente de fisura interna, el antitaurino es radical en la defensa de su opinión, no mediatizada, desde luego, por el diálogo (en el sentido cabal del término, que implica potencia transformadora de cada uno de los polos en presencia), y ni siquiera por la experiencia. Verdad apodíctica es para él que a los aficionados nos motiva esencialmente el sufrimiento del animal; o quizá el del hombre; o el de ambos a la vez»[75]

Este argumento es habitual en la sofística taurina. El problema es que la demostración de la citada destreza artística se

---

[75] Víctor Gómez Pin, «La respuesta del antropófago»: *El País* (30-8-1988)

realiza torturando física y psíquicamente a un animal. De modo ineludible. Es decir, que ese sufrimiento es consustancial a esta práctica. Y si al aficionado no le motiva esto, sino que lo contempla plácidamente como elemento intrínseco de un cuadro total en el que las motivaciones últimas de su atractivo están en otro lugar, esto significa el desprecio total por ese animal, su *inexistencia*, su falta de entidad sufriente... o, como ya hemos indicado más atrás, el pensar en la aberración de que tal sufrimiento sea connatural a la propia existencia del toro.

Por supuesto, diga lo que diga Gómez Pin y sus correligionarios taurinos, sí hay quien *goza* con el sufrimiento del animal. No especialmente en sentido sádico —que también hay quien sí—, sino en el de que tal espectáculo, el toro embravecido por la agresión, la vista abundante de la sangre derramada, los bufidos, el cómo se levanta como una ola al recibir los banderillazos, las acometidas desesperadas intentando vencer al caballo del que brota la puya que se le clava y se le retuerce y se le vuelve a clavar mientras él, inútilmente, intenta impedirlo con sus cornadas... tal espectáculo, decíamos, procura una suerte de *gozo* porque procura emociones fuertes... En esto, aun siendo algo sustancialmente diferente por la concurrencia de otros elementos fundamentales, sí se puede equiparar la tauromaquia con, por ejemplo, las peleas de gallos o de perros...

Concedamos al filósofo taurino que esa no es la motivación fundante que conduce a una mayoría de seres humanos a ver una corrida de toros. Entonces nos encontramos con lo dicho: indiferencia, desamor hacia las criaturas. Se tortura a un animal lenta y metódicamente, y luego se le da muerte pública; y esto, constitutivo de un espectáculo, se relega a la condición de elemento necesario para que se expresen otras cosas. El toro deja de existir para convertirse en un mero instrumento. Viene de antiguo la visión. Tomás Hurtado, autor en 1651 de un *Tractatus varri resolutionum moralium*, hablaba del «gozar de la destreza de los toreadores, de la velocidad de las fieras, de la gallardía en el herir de los jinetes»... Gallardía en el herir.

En todo el libro apologético del P. Pereda —un *clásico* ya, valorado como joya por los taurófilos académicos e intelectualizados—, apenas hay alusiones al sufrimiento animal. Antes hemos citado ya a este jesuita en su peculiar manera de defender a «la fiesta» de la acusación de crueldad. Hay alguna otra referencia. Una, en clave de burla, habla de un crítico a una edición anterior de su libro. El crítico es descalificado a priori, acusado de vegetariano fanático y de panteísta. Así, el P. Pereda tiene vía libre ante sus lectores para convertir las acusaciones que hablan de sufrimiento animal en un asunto de humor. Cita entonces una irónica copla escrita por este crítico, como un chiste cuyo contenido no tiene vigor alguno digno de ser rebatido o contestado. Dice así el verso: «la lógica de Pereda al toro resulta cara / si Pereda fuera toro, de otra manera pensara»[76]. Y ya está. El dolor del toro no tiene entidad.

Es evidente que este sufrimiento provocado metódicamente constituye un meollo de «la fiesta», hasta el extremo delatador de que cuando alguien ha querido mitigarlo con alguna medida o incluso eliminarlo, manteniendo el resto del espectáculo, todos los taurinos, a una, ha hecho frente contra la pretensión. Son ellos mismos los que declaran que eso acabaría con «la fiesta». Es decir, que el toreo no sólo tiene como elemento constitutivo la destreza de un hombre que esquiva el peligro que supone un animal con fuerza letal, sino la tortura y muerte ritual de éste. Porque una corrida incruenta —sin banderillas, puyas y estoques fatales—, en donde el hombre hace gala de esas habilidades y ese valor habitualmente ensalzados por los aficionados y que sirve a algunos, como Gómez Pin, para argüir que el aficionado iría sólo a contemplar esto… no es admisible para estos aficionados. Ni para el señor Gómez Pin.

No vamos a entrar aquí en la legitimidad o no de tal práctica incruenta, pues algunos también la descalificarían por el estrés provocado al animal, otros la verían como transición hasta la extinción de la costumbre y otros la aprobarían como algo aceptable éticamente. Lo que queremos resaltar aquí es que el sufrimiento del animal es constitutivo a «la fiesta» y que por eso los defensores de la misma se oponen a estas alternativas. Uno de los defensores del

---

[76] P. Pereda, o.c., p.18

sofisma de que en todo esto no hay crueldad y a quien antes hemos citado por su intento de diferenciar en este contexto lo «cruento» de lo «cruel», afirmaba con muchísima claridad este carácter intrínseco de que hablamos:

«Piden, de momento, la supresión de la suerte de varas, la que parece más cruenta, como avance a sus intenciones posteriores. Saben que, eliminando la suerte de varas, a la larga se podría acabar (por inanición y por deformación de la realidad) con las corridas de toros. Eliminar la suerte suprema (el animal morirá de todas formas) no les bastaría para sus fines últimos»[77]

Este apologeta hace alusión irónica a la práctica de toreo en Portugal, donde no se mata al toro en el ruedo, pero sí «en la oscuridad de los corrales»… Morirá de todas formas, decía. Claro, como todos los vivientes. Eso no autoriza a ninguna crueldad, ni a concebir de modo fatal y absolutamente determinista la existencia de un animal como destinado a una muerte prematura. Puede que sí —y eso se puede hacer sin ánimo cruel y sin procedimientos crueles— o puede que no.

El negar cualquier mitigación, no digamos supresión, de actos crueles cometidos con los toros, se hace bandera de la defensa de la tauromaquia. «Eliminar la muerte del toro sería desnaturalizar al 100% las corridas» decía en 2009 Salvador Boix, apoderado de José Tomás, en el contexto del debate surgido en Cataluña sobre esas fechas. Y otro apologeta, también citado aquí más atrás, escribía estas letras clarificadoras respecto a lo que estamos tratando:

«La Comisión del Medio Ambiente del Parlamento Europeo aprobó hace algunos meses una moción para reducir las corridas a una grácil contienda de las habilidades entre el lidiador y el toro, de la que, entre otras cosas, quedaría eliminada la suerte de varas. No debe preocupar al aficionado esta moción, aunque el Parlamento llegara a aprobarla. A lo largo de los más de dos siglos hemos

---

[77] Salvador CAYOL, a.c.

conocido prohibiciones más drásticas (...) Las prohibiciones, para ser eficaces, requieren un profundo conocimiento de la realidad vetada, algo que los protestones no se han molestado en adquirir; aparte de que hay realidades con fuerza de ser y de vivir que se imponen a toda prohibición; la norma no puede con ellas y desgasta inútilmente su filo en el pedernal que se le opone. La fiesta es uno de esos pedernales»[78]

Este hombre, que confía en que el toreo no morirá jamás, aunque admite que «es indudable que la fiesta corre en nuestros días serios riesgos y peligros», la describe de modo laudatorio tal como es, un espectáculo público que contiene en sí una violenta muerte ritual y final, tras una serie de agresiones muy severas realizadas con el animal. Como ante hacíamos notar, este taurino es otro de los que se defiende de la acusación de crueldad sencillamente afirmando que no la hay. En su sumaria y gloriosa descripción del toreo incluye esta negación:

«Una corrida (...) tiene un auténtico protagonista, el toro de lidia, y, apoyados en él, dos pilares de fundamento, el lidiador y el aficionado. De la misma manera hay que abordar el hecho tal como es, arrojando por la borda falsos pudores y sentimentalismos. La fiesta es un acontecimiento a vida o muerte, y aunque normalmente termine con la del toro, reconocerlo es reconocer la inmensa importancia de ese ejemplar único en la naturaleza que es el toro de lidia. Hay que admitir que una corrida puede desembocar en la crueldad para comprobar en seguida que cuando esto sucede es porque no se ha respetado íntegramente la gravedad que conlleva una contienda a vida o muerte»[79]

Con este genial descaro, y cierto tufillo de fanatismo, se despacha el asunto de la crueldad y el sufrimiento gratuito infligido a un animal bien pasible. Retorciendo más aún los sofismas y

---

[78] Federico Carlos Sainz de Robles, a.c.
[79] Ibid

95

usando para el asunto del sufrimiento una clave ontológico-determinista que se saca de la manga, decía Rafael Cabrera, responsable del Aula de Tauromaquia del CEU, que «el aficionado a los toros no es un ser sanguinario, sino que comprende el sufrimiento del toro; pero ésa es la única manera de demostrar toda la expresividad y bravura que el toro lleva dentro, y ésa es su principal característica. No hay que fijarse en la sangre, sino en lo que se hace»[80]... Eso es precisamente lo que pretendemos: fijarse en lo que se hace, cómo se hace, por qué se hace, y confrontarlo con las enseñanzas de la Iglesia, el testimonio de los espirituales, y las vocaciones últimas a que todos son llamados; la compasión universal, la anticipación en lo posible y con signos elocuentes, de la reconciliación final, la mística creacionista que sabe ver la presencia del orden sobrenatural, de Dios, en las criaturas, la percepción de la belleza en las efusiones de vida; y también el estupor sagrado ante los misterios... la caducidad, los sufrimientos sobrevenidos ineludiblemente, la presencia de la muerte... esto es, los elementos existenciales misteriosos que usa abusivamente la tauromaquia para su tramoya forzada y provocada innecesariamente, sin objeto legítimo.

Antes hacíamos referencia que otro de los sofismas taurinos habituales es negar asimismo el sufrimiento del toro... El mentado señor Cabrera nos dice que «en cuanto al sufrimiento que se le inflige durante la lidia, está matizado por una liberación importante de betaendorfinas, hormonas que se segregan con objeto de disminuir las sensaciones dolorosas —como cuando uno se da un golpe en caliente y no lo nota—. Se ha demostrado que hay mayor sufrimiento en el sólo transporte de animales, mucho más que en la propia lidia; y también en lo referente al sufrimiento, en los mataderos sufren más: se les pega un calambrazo mientras escuchan el sufrimiento de sus congéneres»[81].

En fin, justificar un sufrimiento provocado de modo innecesario, para demostrar superioridad, para divertir o asombrar,

---

[80] Rafael CABRERA, a.c.
[81] Ibid

porque en otros contextos también hay sufrimiento, no es legítimo. Como tampoco es legítimo, para acentuar el contraste de la proposición el simplificar, o falsear, esas imágenes relativas a transportes de animales o mataderos. Ambas situaciones son susceptibles de cambiar cualitativamente para salvaguardar a los animales de sufrimientos añadidos, o incluso para anular el sufrimiento. En la tauromaquia es constitutivo de la práctica.

En cuanto al sufrir en caliente... Mariano Villaescusa, torero que fue alcanzado por la compasión llegando a proponer la alternativa de las corridas incruentas, testigo de cómo los animales a veces mugían lastimeramente con sonidos que a este hombre le recordaban los llantos de bebés, afirmaba con indignación ante ese tipo de propaganda taurina: «parece mentira que digamos que el toro no sufre: tiene sangre caliente y sistema nervioso como yo»...

La tauromaquia produce extensión de la crueldad, o mayor indiferencia cuando otros la practican. Hay una deformación sensible y moral fruto de una aquiescencia primera en el *hacer sufrir*. Esta relajación tiene visibilidad: un jalear las pasiones en la masa, que se traduce en actos crueles y vejatorios de los que todos quieren participar de alguna manera con la sensibilidad disparada; o el cometer crueldades como si nada, de un modo rutinario y sensiblemente aletargado.

Narra el P. Pereda en su libro, con una cita, la actuación del público en cierta ocasión en que toreaban religiosos estudiantes de teología. Pereda comenta que «el relato no puede ser más original y pintoresco»:

«Hay un dato interesante, que descubre una costumbre de la época: dice que cuando "tocaba desjarrete", es decir, a cortarle la corva, "desde los tablados, que circundan la plaza, apresuraban la muerte del toro grandes cuchilladas de alfanjes, como se estila en otras corridas. Lo cual, visto por los toreadores y sintiendo herido su pundonor, lograron que el señor intendente hiciera luego publicar un bando prohibiéndolo con rigurosa pena, pues los teólogos

97

navarros se bastaban para matar por sí solos cuantos toros salieran»[82]

La tauromaquia, posteriormente pasada por filtros de purismo y de normativas, sujeta a presiones culturales y sociales que la contradecían, comparte no obstante el espíritu de las añejas prácticas. Abolidas las bestialidades colectivas en el coso —no así en fiestas populares permitidas o que sortean prohibiciones—, sin embargo, los gritos de júbilo y aplausos a la hora de acuchillar al toro, de arponearlo, y los abucheos contra toros que no quieren combatir, muestran un público ávido de participar de algún modo en la carnicería, de sumarse a ella ya que no pueden meter mano, o no saben o tienen miedo de hacerlo.

La extensión de la crueldad tuvo momentos históricos fulgurantes: cuando las viejas prácticas se exportaron en los siglos XV y XVI a Italia, antes de la intervención de San Pío V, bajo el auspicio directo de los Papas corruptos (Alejandro, Julio, León…), el toreo de allí hizo gala de un incrementó de crueldad ejercida contra los toros: despeñamientos, jinetes armados que despezaban al animal… Ese espíritu negador de la fe cristiana tenía notas como estas: tres hombres muertos en una corrida celebrada en la Plaza de San Pedro, ante León X, el lunes de carnaval de 1519… trajes costosísimos para los toreros, costeados por los Papas…

Este tipo de eventos parecen lejanos pero no lo son: antes hemos descrito costumbres populares con animales en las que los refinamientos y las participaciones masivas en el herir y matar están a la orden del día. Lo crucial es hacer ver a dónde se puede llegar una vez establecido como legítimo el principio del hacer sufrir. Hay leyendas, es verdad; como si lo del aguarrás en las pezuñas, vaselina en los ojos, algodones en las fosas nasales, etc, fuese práctica común en la tauromaquia. Sí el afeitado de cuernos, que produce grandes dolores. Pero el hecho de admitir como normal, y aun como destino fatal, el matar festivamente a un animal, había de traer extensiones concretas de esta crueldad. Por ejemplo, en 1999 una asociación de protección de animales denuncia a la Escuela de Tauromaquia

---

[82] P. PEREDA, O.C., p.37

Marcial Lalanda, de Madrid: fotografías, videos e informes veterinarios testimoniaban cortes de orejas y rabos de becerros que todavía estaban vivos. En trance de muerte, mientras aún boqueaban, el video mostraba esas amputaciones en vivo.

Educar espiritualmente la sensibilidad

Hablar de sensibilidad hablando de la tauromaquia nos conduce a la habitual acusación dirigida a los antitaurinos: sentimentalismo. No saben bien los acusadores de nuestros días a qué se refieren con eso; no así los del pasado inmediato, inmersos en culturas virilistas que interpretan los rechazos de la violencia como entreguismo, cobardía, «afeminamiento», etc, de modo sistemático y unívoco. No concebían aquellos y sus cada vez más numerosos herederos de hoy que pueda existir un rechazo a la violencia que no tenga nada que ver con un no meterse en líos, o con un estar dominados por lo *blando*-sensible sobre el espíritu. Pobre noción de espíritu el identificar su fortaleza con la dureza sensible.

El omnipresente P. Pereda interpretaba las cosas de esta manera, insertando la noción en un previo nacionalismo españolista que identificaría la virilidad con el alma española para hacer ver a otros pueblos cómo se es hombre de verdad. «Hombre», no en sentido de «ser humano», «persona», sino hombre, varón, macho… que al fin, circularmente, identifica con la plenitud del ser persona. Bueno… tauromaquia, machismo y nacionalismo siempre han coqueteado. Para muchos es eso, coqueteo; para otros, matrimonio indisoluble. Pereda, de estos últimos, usa precisamente para su exaltación de la acusación de «sentimentalismo»:

«En una de estas ocasiones, por los tiempos de Carlos II, fue cuando Don Manrique de Lara y D. Juan Chacón cortaron a la fiera el pescuezo a cercén de una cuchillada… ¡Qué perfume de leyenda heroica, bárbara si se quiere, pero grandiosamente viril, se respira en estos lances tan increíbles!… Bien decía, y nada menos que un periódico francés, *La Presse,* bajo el rótulo de "Viva la Corrida", que cuando el sentimentalismo sufre desviaciones, hay que temblar por el sentimiento de la moral de todo un pueblo…; que la intrepidez de los lidiadores españoles es un ejemplo de virilidad que hace falta a un pueblo de costumbres afeminadas y corrompidas»[83]

Hablar de sensibilidad, decíamos… Es preciso, desde la fe cristiana, discernir dos acepciones del término, que, al fin, confluyen en la vida personal. Efectivamente, existe la sensibilidad concebida como dimensión perceptiva ligada a los movimientos emocionales psico-físicos. Y existe la noción de sensibilidad espiritual, es decir, la percepción venida de la vida del espíritu, según las mociones interiores del Espíritu, según la luz con que Él nos baña. Esta sensibilidad sobrenatural está profundamente imbricada en aquellos movimientos emocionales, cuyo fin es ser sobrenaturalizados, hasta el extremo de que, como anticipo de la vida futura, hay testigos de una fusión: lo percibido por los sentidos, los movimientos producidos por esta percepción, espiritualizados *in radice*. En la vida del espíritu esto es un camino, una vida, valga la redundancia. Lleno de colisiones y de combates, cuando el gusto o la repugnancia por algo, en alguna circunstancia, respecto a alguien, chocan con la convicción recta, enamorada según la tensión propia del amor: universalismo, totalidad, profundidad.

En estos choques también se manifiesta la polémica que brota de la tauromaquia. Decía Pereda en esa cita, en referencia a lo que ya ha calificado moralmente de modo previo a cualquier consideración como de «leyenda heroica»: «bárbara si se quiere»… Y con eso se pretende zanjar el asunto. No: si es «bárbara» no es buena, y por mucho que exprese valentías y osadías sensibles, no expresa valentías y audacias espirituales.

Hay una confrontación al respecto en la que el gusto sensible pretende prescindir no sólo de consideraciones morales-espirituales, sino que asume una primacía de tal gusto hasta el extremo de admitir las nociones de barbarie y de brutalidad como veraces en referencia a la tauromaquia, para inmediatamente destacar que aun así el gusto debe primar, o sencillamente va a

---

[83] Ibid, pp 172-173

primar a toda costa. Declaraba el torero Marcos Sánchez-Mejías hace años que «los toros son un espectáculo bárbaro, brutal, difícilmente defendible. Impresentable si no lo ves y no lo vives desde dentro»[84]. Y con franqueza confesaba Joaquín Sabina: «no discuto con los antitaurinos porque creo que tienen razón»[85]… Hay también quien no establece una confrontación entre gusto y moralidad, dando primacía al primero, sino que pretende evitar la tensión sencillamente identificando el gusto con la moralidad. Así Hemingway, quien no tenía empacho en declarar que «es moral lo que hace que uno se sienta bien, inmoral lo que hace que uno se sienta mal. Juzgadas según estos criterios morales que no trato de defender, las corridas de toros son muy morales para mí»…

Es decir, que según algunos, o muchos, el toreo estaría legitimado porque gusta. Cuando hay fragmentación entre realidad en sentido profundo, y sensibilidad, es preciso, se sienta lo que se sienta, declarar como principio previo que la licitud o no, lo que es bueno y constructivo no está determinado por lo que nos gusta, o por lo que nos produce indiferencia, o por lo que jamás hemos cuestionado. No es cuestión de crear escrúpulos; ya lo dijimos en la introducción de este libro: condenar una práctica para «hacer ver» otros horizontes positivamente. Horizontes, nociones, verdades, bellezas, que una vez interiorizados se convierten en algo a transmitir. Sobre todo, de modo connatural al amor debido, respecto a los niños.

Así pues y según la vocación universal a la santidad a que todos somos llamados, el combate es la reconciliación entre la percepción y la convicción. Cuando hay disonancias, que la convicción ilumine y acicate una ascesis movida por amor: si la percepción no queda sacudida por el sufrimiento animal y estas gratuitas agonías, que se deje vía libre a la convicción que nos dice que eso está mal, que disfrutar con eso está mal, que permanecer indiferentes está mal… hasta que la ascesis desemboque en el bien, en el amor, sensiblemente percibido también.

---

[84] *La Vanguardia* (12-7-2002)
[85] Entrevista en *XL Semanal* (12-1-2014)

La sensibilidad espiritual, lo sensible psico-físico espiritualizado, conduce entonces a otros modos, otras referencias y miradas: ¿cómo gozar con el sufrimiento animal? ¿cómo ser indiferentes a él, como si no existiera, en caso de que el gozo se focalice en otro lugar? La compasión por el sufrimiento de los seres pasibles no es sentimentalismo, no aleja un milímetro de la solicitud por los hermanos. Puede y debe ser una visión profunda, de la belleza, de la vida, de la fraternidad en el Padre Creador. Una visión profética de la plenitud, de ese mundo transfigurado en que ya no hay dolor y los seres creados participan de la transfiguración. Del amor total que envuelve a la creación.

Esta sensibilidad espiritual, inspirada por el Espíritu en la Escritura, testimoniada por muchos santos, predicada por la Iglesia... desoída por multitudes y multitudes de hijos de esta Iglesia, es un faro corrector y rector. Porque hay quien percibe sensiblemente, como primer movimiento, repugnancia por el sufrimiento gratuito infligido a estos animales, pero en un ejercicio también ascético desviado por su objeto, supedita su sentimiento a otros valores que legitimarían la práctica: cultura, tradición... Lo habitual, sin embargo, es encontrar pastores y fieles que, sencillamente, carecen de esa sensibilidad espiritual, y, por tanto, no prestan la más mínima atención a esta polémica a la que quitan toda importancia y, por supuesto, niegan con su indiferencia valor trascendental alguno.

Hay que preguntarse el porqué de tantos cristianos en tal situación. Y también los porqués de quienes, a priori, recelan, desconfían de las tomas de postura antitaurinas, y entonces, como consecuencia, sin entusiasmos por la tauromaquia, se dedican sin embargo y de modo positivo a descalificar a los antitaurinos, aduzcan éstos lo que aduzcan, sean fieles o no.

Una primera respuesta puede estar en la no predicación de la ascesis. Los abusos voluntaristas, las rigideces, el orgullo frente a los débiles, la producción de escrúpulos torturantes, las neurosis, y todos los demás peligros que pueden asomar a la sola mención de la «ascética», no legitiman su expulsión de la vida de los cristianos. La primacía del amor, que lo atraviesa y lo transfigura todo; el perdón recibido siempre, como estado de vida, que se refleja entonces en el perdón a los otros, y lo más milagroso, en el perdón y la paciencia y el amor participado de Dios a nosotros mismos... conducen a abnegaciones saludables. Y a desconfiar, no obsesivamente, sino con serenidad y esperanza, en las sensaciones sensibles. Desde ahí se puede decir a una persona que dice que le «gustan los toros», que no consienta en tal gusto, que se deje iluminar con humildad por esas enseñanzas que asoman en el Catecismo, que mire al alma de San Francisco... hasta que al fin, incluso «no les gusten los toros»...

La tiranía sensible conduce a otros, sobre todo pastores con misión de guía espiritual, a inventariar doctrinas eclesiales según antipatías, simpatías o prejuicios. Esto, que es habitual, conduce en la práctica a silenciar cuerpos enteros del Magisterio; o a desvincular los elegidos de los vínculos orgánico-espirituales intrínsecos que tienen respecto a otras dimensiones de este Magisterio, con lo cual, no pocas veces, los aspectos en los que se incide de modo unilateral, excluyente, también se deforman. Esto ocurre con todos los retos que suscita la tauromaquia y su implantación en el alma de un sinfín de creyentes.

Otros, que pueden ver las consecuencias de este Magisterio aplicado a este caso, prefieren no meterse en líos. Y ya está. A otra cosa, y si hay que bendecir lo que a uno le pongan delante, se hace sin más. Una vivencia de la comunidad eclesial en que prima de modo no confesado el clientelismo y sus dinamismos mundanos, no la fraternidad sobrenatural.

Otros, en fin, movidos por serios prejuicios ideológicos, viven esclavos de una mentalidad inquisitorial, en rastreo continuo de herejías. Tagore tenía razón con aquella sentencia: «si cerráis la puerta a todos los errores, también la verdad se quedará fuera». No porque haya alguien de admitir como no-error lo que es un error, sino porque ese espíritu es él mismo un error espiritual. La búsqueda de la verdad, la recepción humilde de la verdad, la no apropiación, el no encorsetarla a nuestra pobre medida, conduce, obviamente a la identificación de errores. Esto es lo que pretendemos con este libro. Pero desde la previa afirmación ontológica del amor y la belleza. El alma inquisitorial ve pecado donde hay carencia, ve errores donde hay solo acercamientos a la verdad... y así con todo.

El reivindicar sensibilidad espiritual ante el sufrimiento animal, concretamente al que origina la tauromaquia, no parece conmover a quienes no la tienen. Pero, si son cristianos —y más si son pastores—, deben volverse sobre sí y valorar el porqué de su desdén: si es por motivos doctrinales, que pidan asistencia al Espíritu para conocer la verdad. Si es porque sencillamente perciben que no tienen esa sensibilidad, que la pidan, pues conviene a sus espíritus integrar esas visiones en el vasto campo de dimensiones a consagrar. Si es por algún prejuicio psicológico, que pidan la liberación a Aquél que libera... Si es por temor a confusión ideológica a causa de los muchos críticos que también denuncian el maltrato animal y lo conjugan con un renegar de la trascendencia, que expresen con vigor y humildad su identidad de ungidos en el Espíritu Santo, el que conduce a la verdad plena, el que abrasa los corazones en una compasión universal.

Otro sofisma taurino, éste defensivo: son los antitaurinos los crueles y violentos

La polémica taurina está dominada en su mayor parte por concepciones vitales, antropológicas, de carácter mundano, por ideologías. Esto implica una suerte de tensión en el desamor... Tensión, y no fatal determinismo, porque el hombre, lo sepa o no, tiene su origen en el amor, su fin en el amor, y su realización como persona se fundamenta en el amor. Esto significa que los atrapados por las ideologías —sean éstas enemigas de la religión o sean manipuladoras de la misma— son invitados incesantemente a contradecirse de algún modo a fin de que emerjan signos de respeto personal al adversario.

Esta tensión subyacente se puede sin embargo prácticamente eclipsar, y de hecho se eclipsa, a causa de la entrega pasional y consciente a las estrecheces ideológicas. En esta polémica en torno a la tauromaquia es evidente que muchos antitaurinos odian, desprecian, a los partidarios de «la fiesta»: son los antitaurinos los que primeramente han movido ficha precisamente porque su posición es la de combatir una costumbre ya establecida; los participantes de esta fiesta se han convertido históricamente en «defensores» o «partidarios» de la misma sólo porque otros han impugnado su legitimidad por diversos motivos. Los impugnadores, si no están movidos desde el principio por el amor a sus adversarios, siempre viven tentados por el uso de expresiones violentas —verbales u otras— que brotarían de actitudes interiores previas...

Pero, claro, a los impugnados les sucede lo mismo. Si los otros son acicateados porque son ellos los que han plantado la polémica y la pueden avivar mediante unas actitudes violentas, éstos, los taurinos, suelen vivir con indignación no contenida el que alguien ose poner en cuestión sus gustos y costumbres. Dado que hay un *dedo*, bastante universalizado, que señala a «la fiesta» como cruel, los partidarios están sometidos a la fuerte tentación de la respuesta violenta. Por supuesto —como hemos explicitado aquí unas cuantas veces ya—, hay aficionados que no son subjetivamente crueles; sencillamente no ven aún. Éstos no suelen enfrascarse en la polémica por medio de insultos y desprecios. Pero muchos otros, al oír hablar de antitaurinismo, tenga las referencias que tenga, buenas o malas, agresivas o no... no pueden más y tocan a rebato para defender mundanamente lo que han declarado, también mundanamente, como algo sagrado.

Dado que el dedo acusador se suele asentar principalmente en la acusación de crueldad y exaltación de la violencia, una de las respuestas demagógicas que brotan del mundo taurino es la de volver esta acusación contra sus enemigos. Algunos taurinos incluso manifiestan esta acusación haciendo referencias a ultimidades del hombre, actitudes radicales malignas que definirían a los impugnadores de «la fiesta»:

«Los enemigos de la *fiesta* exteriorizan en sus manifestaciones una desviación patológica del afecto humano —quizá por resentimiento— un manifiesto desprecio al hombre, que les hace volcar inconscientemente sus desmedidos afectos sobre el animal»[86]

Más radical —no en sentido de extremista, que también, sino en cuanto desvelador de esas supuestas ultimidades— es el filósofo Gómez Pin, a quien ya antes hemos citado hablando de los antitaurinos como seres ajenos a todo dialogo, etc: «El antitaurino (a diferencia de aquel a quien simplemente los toros no interesan) no se limita en ningún momento a expresar no coincidencia de gustos, sino que carga tal disparidad de connotaciones valorativas que le erigen en modelo ético (…) El antitaurino no disiente, *desprecia*. Por eso mismo, más que enemigo de la fiesta de lo toros lo es de la fiesta en general, de todo aquello que, por comprometer indisociablemente alma y cuerpo, supone otra cosa que la decrepitud y el aburrimiento que, correlativamente a la ferocidad, la explotación y el narcisismo, van adueñándose de la cultura europea»[87]

Así pues, todos los antitaurinos, partamos de donde partamos, no sólo estamos obligados a abandonar el debate en términos éticos, pues sólo sería una cuestión de gustos, sino que somos todo eso y más: despreciadores, aburridos, entregados a todas las decadencias. Bueno…

El sofisma taurino defensivo respecto a la acusación de crueldad no suele ir sin embargo por esos derroteros filosóficos; es habitualmente más burdo. Ya lo hemos dicho antes: no sólo todos los antitaurinos omnívoros nos refocilaríamos con el sufrimiento de los animales en los mataderos —un sufrimiento al parecer irremediable absolutamente—, sino que disfrutamos con el sufrimiento metódico padecido por animales que no sean el toro[88]

---

[86] Manuel ORTIZ TAPIA, a.c.

[87] Víctor GÓMEZ PIN, a.c.

[88] O también con el sufrimiento del toro, pues según un caballero escribe en redes sociales «a los antitaurinos les importa un pepino la muerte del toro»…

a causa de otras prácticas y deportes, y aun con el sufrimiento de los hombres. El recurso del boxeo es habitual: al parecer todos y cada uno de los antitaurinos, no es que sean aficionados al boxeo, sino que gozan cuando hay mucha sangre. «El boxeo, tan alabado por los que nos critican», escribía el P. Pereda en su libro (p.163).

Este autor iba más lejos; los antitaurinos gozaríamos al ver las heridas de los boxeadores porque padecemos de enfermizas deformidades en el alma tan profundas como las que cita Pereda y con las que pretende definirnos:

«¿Qué respeto nos debe merecer ese sentimentalismo absurdo, que derrama lágrimas ante un puntapié que lance a dos metros de distancia a un precioso lulú, y mira con ojos secos y corazón duro el dolor callado de una pobre madre que no tiene que dar a sus hijos; que grita histérico ante el par de banderillas, clavadas a pecho descubierto en el morrillo del toro, y aplaude y celebra el directo brutal la boca del adversario, que deja al boxeador arrojando cuajarones de sangre y devorándose su dolor?»[89]

Así pues, ser antitaurino conlleva tener en el alma todo esto... refinado el P. Pereda con la descripción despectiva de la brutal patada a un perrito: si alguien se duele por esto es sólo una muestra de un «sentimentalismo» que pasaría de largo y fríamente ante el sufrimiento de los pobres. La demagogia de este hombre no tenía fin... ¡qué fichaje perdió el doctor Goebbels!

El recurso a estas acusaciones, decíamos, es habitual. Las usaba el señor Piñar, viejo dirigente ultraderechista y apasionado taurino: los críticos somos hipócritas sin remedio, pues no sólo somos todos aficionados al boxeo en sus versiones más violentas y sangrientas, sino a las carreras de coches en que se mata la gente... Sí, los antitaurinos somos, todos, aficionados a los deportes de riesgo, como espectadores, claro... porque podemos tener la oportunidad de presenciar derramamiento de sangre humana...

Si el crítico es extranjero, entonces no falla: enemigo de la tauromaquia y acérrimo defensor de la caza del zorro... «Para

---

[89] P. PEREDA, O.C. pp 139-140

disimular se meten también con la pelea de gallos y hasta con la carrera de caballos del Grand National, olvidándose del boxeo, de la caza a dentelladas del zorro»[90]... O apasionado aficionado a carreras de galgos con liebre real a la que despedazan.

Además de crueles por gozar con el sufrimiento de animales y de personas, las acusaciones de este tenor dirigidas contra los antitaurinos incluyen el que, en sí, esa toma de postura conlleva violencia contra los partidarios de «la fiesta». Por supuesto (ya lo hemos dicho) que hay violentos antitaurinos. Las redes sociales revelan altos grados de odio, de insultos, de alegría por las muertes y heridas de toreros. Pero por el otro lado acontece lo mismo: insultos, expresiones de odio, agresiones a activistas, sean estos violentos o no.

Como inciso y para pensar en profundidad: es cierto que hay muchos antitaurinos que son violentos, pero ningún partidario de la no-violencia es taurino. Y esto como un previo en el alma, pueda cumplir a la hora de la acción con sus convicciones o no; por debilidad, no por hipocresía.

El victimismo del mundo taurino sin embargo necesita de la violencia venida del área de los antitaurinos. Ellos, los partidarios de «la fiesta», por supuesto no serían violentos. La historia de Eugenio Noel, por ejemplo, dice otras cosas. Este hombre, que se impuso como misión en la vida el combatir la tauromaquia hasta el final, escribía ferozmente. Podemos compartir muchas de sus apreciaciones objetivas y denuncias, pero no es un modelo para nosotros, según el espíritu que quiere vertebrar esta reflexión. Sin embargo, Noel nunca agredió a nadie: fue él el encarcelado, difamado sistemáticamente y atacado físicamente. Por los taurinos: «En una conferencia pronunciada en la Casa del Pueblo, Noel ofrece una estadística pormenorizada de los diestros caídos en las arenas, de los astados inmolados, de los terribles perjuicios que a la economía nacional irroga la *fiesta*, desafiando insultos y agresiones. En el café Fornos, donde pululan los toreros, le obligan a bailar sobre un velador, con la amenaza de utilizar contra él un estoque de

---

[90] Salvador Cayol, a.c.

descabello; en Sevilla le secuestran en un colmado y le afeitan la melena para dejarle únicamente los pelos de una ridícula coletilla (…) Ramos de Castro ilustra su revista con unos dibujos en los que aparecía un tipi con abundante pelo que debía ser Noel, cuya melena aparecía adornada con una enorme cornamenta. El pie dice: "Un toro con cabeza. Como éste debían soltarse tres cada domingo en el ruedo" (…) Ramos Castro (*Robadalito*), crítico taurino de *El Parlamento*, su oponente en la polémica, se despacha diciendo que "Eugenio Noel es una cocinera vestida de hombre" (…) No goza nunca de la consideración que merece y no sólo pasa hambre y penurias, sino que muchas veces es detenido de manera más o menos transitoria y procesado por juzgados militares y civiles»[91]

En los dos polos de la polémica se encuentran episodios de odio y violencia contra los adversarios. Depende de las actitudes y de los previos ideológicos. No es entonces lícito a los apologetas del mundo taurino el endosar a todos los antitaurinos la acusación de intolerancia violenta y de violencia efectiva. Desde estas páginas no queremos hacer lo mismo respecto a los taurinos; sabemos de las contradicciones internas en el alma humana, y de las carencias en los planteamientos, y de oscuridades sensibles… El periodismo defensor de la tauromaquia, sin embargo, lo tiene claro: no cesa de buscar provocadores e insultadores entre los antitaurinos. Y con el mismo afán, no cesa de silenciar, o minusvalorar las muchísimas agresiones protagonizadas por los partidarios de la tauromaquia… Algunos ejemplos tomados de algunas de mis notas no exhaustivas: la paliza recibida por dos activistas y un cámara en Sacedón (1-9-2010); los nueve hospitalizados (uno en coma) agredidos en la plaza de toros de Rion-des-Landes (25-8-2013); la agresión colectiva sufrida por una joven en San Sebastián de los Reyes (1-9-2014); la paliza propinada a Óscar del Castillo en Las Ventas (6-6-2016); los arrastrados y golpeados en los Santos de la Humosa (2-5-2023)…

---

[91] Eduardo DE GUZMÁN, «Cornúpetas y bestiarios»: *Villa de Madrid* (16-31 Mayo 1989) 12

los agredidos en Tordesillas, Medinaceli, Cazalilla, Denia… Las expresiones de odio y desprecio lanzadas a la cara de los recogedores de firmas… a Sonia Montejano, a quien espetan un «a ti lo que te pasa es que estás mal follada»; a Pablo González, a quien arrebatan el micrófono para gritar por él que «las estadísticas me las paso por los huevos»; a Lola Rojo, a la que arrebatan un pliego de firmas para arrugarlo y arrojárselo, y etc, etc, etc…

Más sofismas para invisibilizar el sufrimiento animal

El argumentario de los taurinos para intentar acallar a los críticos suele tener el denominador común de obviar el sufrimiento animal. Cuando han abordado esto ha sido, tal como ya hemos visto, para negar o mitigar o declarar su fatalidad. Lo normal es acudir a otras instancias en que el toro deja de existir como ser vivo pasible y merecedor de respeto, converso en un mero instrumento, un ente manipulable hasta la saciedad, o, en aparente paradoja, exaltado como un héroe mitológico cuyo trágico destino ya estaba escrito por los dioses.

Desde la invisibilidad del carácter real de su sufrimiento y del verdadero significado de este sufrimiento (quién lo provoca, por qué y para qué lo provoca, qué provoca), la sofística taurina intenta que miremos a otros lados. Lugares al parecer fundamentales e ineludibles que, por eso, legitimarían sin más la práctica del toreo.

Nuestro gurú al respecto, el P. Pereda, fue un maestro en verter como una cascada un aluvión de afirmaciones demagógicas que para los convencidos a priori se les mostraban como ratificación de la obviedad de la tauromaquia. Él escribía desde el seno de la cultura franquista y sometido con convicción a aquel entorno. Esto significa que algunos de los argumentos nos pueden parecer caducados a día de hoy. Pero, en realidad, tal caducidad se refiere sólo a la inmediatez de aquel entorno social y político, porque el fondo de las afirmaciones sigue en vigor en no pocos corazones.

Por ejemplo, cuando el P. Pereda afirma que «los toros» son algo bueno socialmente porque el espectáculo actúa como «una buena válvula de seguridad, una llave de escape por la que se vayan malos humores y peores ideas»[92]. No se refería a sanear el interior de las relaciones familiares o vecinales... sino a la política: «no se concibe que de una buena corrida de toros se salga con el ánimo propicio a mítines y trastornos sociales: ¡se han desahogado, han gritado, se han reído, salen contentos!»... A esta franca defensa de la política del «pan y circo» ha sucedido una defensa de lo mismo de carácter más sutil: en las sociedades de capitalismo desarrollado inserto tanto en democracias burguesas como en dictaduras de partido, la seducción de masas por medio de distracciones adictivas es connatural a tales sociedades. No es un plan, una conspiración, sino una consecuencia, pero hay quien usa de este modo el fenómeno, es decir, lo manipula a sabiendas. Efectivamente, la tauromaquia, a día de hoy, también es usada en una clave parecida a la propuesta del P. Pereda: políticos reivindicadores de la alegría para el pueblo que acusan a sus opositores de querer crear una sociedad apagada, aburrida...

El P. Pereda, desde la desaparición de cualquier consideración moral respecto al hacer sufrir de esta manera a un animal, lanza sus argumentos en los que todo son ventajas: conforme al moralismo de su época confronta la tauromaquia en su condición de práctica sana «para el cuerpo y para el espíritu» con la oscuridad «pecaminosa» de las salas de cine[93]... Este argumento —objetivamente imbécil— no tiene eco en la mayoría de los taurinos de hoy, pero muestra un grado de fanatismo relevante que, con otras referencias, pervive en esta polémica.

Este apologeta salpica toda su obra de genialidades de este tenor: unas refirman el carácter utilitarista, como cuando defiende que el toreo sostiene obras de caridad[94]; otras pretenden situarse en ámbitos ontológicos, como cuando afirma que el espectáculo no puede ser malo porque «la destreza, ingenio, fortaleza, velocidad»... son «cosas que en sí no tienen malicia alguna»[95].

---

[92] P. Pereda, o.c., pp 216-217
[93] Cf ibid., pp 196-197
[94] Cf ibid, p.198
[95] Ibid, p.74

Este género de argumentario, sofismas demagógicos a veces inconcebibles, no son sólo cosa del pasado. En el ambiente contemporáneo español, fruto de eso que se ha dado en llamar polarización (atmósfera de la que los disidentes nos sentimos y sabemos ajenos) ha prendido otra vez con virulencia la llama de la polémica taurina.

Esquematizando y generalizando, podemos percibir que en la vida pública de hoy se posicionan de modo crítico algunos sectores de la izquierda, el aparato asociativo ecologista y algunos de los nacionalismos que así manifiestan diferencia cultural con las tradiciones españolas. Confrontados a estos críticos vemos a una derecha liberal-conservadora, la ultraderecha, y elementos asociativos populares (peñas, etc), que defienden la pervivencia, normalización y extensión de «la fiesta». Además, están los expectantes, con ambigüedades clamorosas para no espantar clientela, situados generalmente en el ámbito de la izquierda burguesa. Después, los marginales a favor o en contra, difíciles de encuadrar en estos esquemas que tienden a rigideces supuestamente clarificadoras: católicos no conservadores ni *progresistas* que declaran su ser antitaurinos desde la vivencia de su fe (v.gr., este libro), nazis ideologizados tan supuestamente animalistas como despreciadores de seres humanos, liberales para los que todo lo que pueda ser negocio sujeto a contratos libres es lícito y por tanto abominan de reglamentaciones, también en esta cuestión, en la que obviamente procuran no pronunciarse desde claves éticas…

Con este inciso de somera descripción general de un cuadro sólo queríamos hacer notar que la polémica, hoy, asoma otra vez con mucha agresividad y demagogia. No le va a la zaga al P. Pereda la, al momento de escribir estas letras, presidenta de la Comunidad de Madrid, señora Ayuso. En la fiesta de presentación de la Feria de San Isidro de 2024, el 2 de febrero, se lamentaba del cierre judicial de la plaza de toros de la ciudad de México. Y entonces afirmaba, tal cual:

> «No conozco un lugar donde la libertad y la prosperidad se hayan abierto camino tras cerrarse una plaza de toros; todo lo contrario, le ha seguido la sequía, el control político y el adoctrinamiento ¿Quién frenará el afán autoritario mañana?»

Son éstas, simplificaciones brutales, y burdas, cuya posibilidad de ser acogidas sólo lo puede ser por quienes ya viven la emoción de las trincheras y la entrega a mesianismos caudillistas. La lógica interna de esta afirmación está en la defensa del ultraliberalismo económico, la abolición de las reglamentaciones, el dejar hacer, conjugado con la defensa de «valores». En este caso, las tradiciones españolistas. Esto distingue a esta facción de masas, de la minoría de liberales a los que aludíamos más arriba, quienes no insertan el mercantilismo en algún cuadro de valores, sino que lo establecen de forma desnuda como valor único.

La demagogia, aquí, no sólo estaba en la afirmación de que cualquier postura antitaurina es un atentado contra la libertad y la prosperidad que conducirá ineludiblemente a la dictadura y la pobreza generalizada, sino en la alusión a la sequía, maquiavélica insinuación que dirige a los secuaces a mirar en dirección a Cataluña, donde se han prohibido las corridas y donde se padece desde hace tiempo de sequía crónica. Cual si conociera secretos cósmicos vedados a los demás, imposibles de dilucidar por cualquier miserable antitaurino —traidor y chavista—, sabía que el abolir la tauromaquia produce sequía.

De todos modos, los sofismas que encubren o justifican el sufrimiento animal gratuito, ya lo hemos visto, no suelen ser tan bastos.

Hay un argumento más que suele aparecer en el catálogo de los que se lanzan al ruedo —nunca mejor dicho— de esta polémica. Es un argumento economicista, que defiende que la tauromaquia supone beneficios económicos, que es un sector del que viven muchas familias. Y no sólo esto, sino que en un alarde de defensa de la economía ecologista —noción en la que obviamente no creen pues circunscriben su aplicación a esta apología—, afirman que únicamente «merced a la sola crianza del toro bravo, se mantienen en España unas 500.000 hectáreas de dehesa, considerada como el segundo ecosistema más importante a nivel mundial, en cuanto a variedad y riqueza de especies vegetales y animales: esas dehesas se mantienen exclusivamente por la existencia de este tipo de ganadería; si la roturáramos para el cultivo, se perdería una enorme riqueza medioambiental»[96].

La noción vuelve a aparcar como absoluta y totalmente irrelevante el asunto del sufrimiento animal. Ni siquiera cuela el interés por el ecosistema: el autor no puede ocultar sus previos economicistas de carácter reduccionista: la tierra, su variedad y belleza, nunca como «casa» a cuidar y de la que se pueden beneficiar todos, sino siempre como mero «recurso» a explotar, tal como denunciaba San Juan Pablo II y recogía Francisco... De ahí la disyuntiva del apologeta taurino: esas tierras, esas dehesas, o bien para toros destinados a tortura y sacrificio público, o bien para destruir su fisonomía propia mediante algún tipo de explotación que acabara con el equilibrio...

El P. Pereda ya se había adelantado en el argumento, acentuando explícitamente el fundamento utilitarista, cuando afirmaba la bondad económica de la tauromaquia por la que se sacaría provecho de la tierra, pues son «grandes las extensiones de terreno que en muchas ocasiones no servirían para otra cosa, y hoy se destinan a las vacas bravías»[97]. También argumentaba, con referencias históricas del pasado en España y América, aduciendo los beneficios fiscales que se obtenían gracias a «la fiesta» y cómo se organizaban festejos recaudatorios para financiar diversas obras, religiosas o civiles[98].

El argumento economicista no da de sí nada de nada. El que la tauromaquia sea «sector económico» no dice nada sobre la licitud o ilicitud de la práctica. Son numerosas las actividades humanas de gran repercusión económica, legales e ilegales, o en su momento ilegales y luego legales, o a la inversa, y su valor ético y espiritual, su ser buenas o malas o indiferentes respecto al ser humano no está en su existencia como actividad económica, ni en su vigor económico, ni en el número de personas que se beneficien económicamente de tal actividad o incluso puedan vivir gracias a

---

[96] Rafael CABRERA, a.c.
[97] P. Pereda, o.c., p.197
[98] Cf ibid., pp 198 y ss

ella. No creo que haya que poner ejemplos que pueden estar en la mente de todos.

El reto para un crítico de concretas actividades económicas a causa de una valoración moral negativa, no es el salvaguardar los supuestos derechos de quien haga negocio con ello, sino dar respuesta a «la gente de abajo» que vive del sector. También en el caso de la tauromaquia. Cada actividad humana tiene una dimensión ética independiente de esta variable que es el beneficio económico que pueda reportar. Sin embargo, uno de los aspectos fundamentales de la eticidad de la economía, el ser fuente de subsistencia para los hermanos, se debe integrar ineludiblemente a la hora de proponer la extinción de una actividad por ilicitud de la misma. Esto significa que, en este caso, las reivindicaciones antitaurinas en su vertiente de iniciativa de transformación legal, deben estar atravesadas por la preocupación del dar alternativas reales a las personas que a día de hoy tienen puestos de trabajo gracias a esa actividad. Y desde nuestra propia perspectiva la cosa es más honda aún: no se puede proclamar que la vocación universal a la santidad incluye constitutivamente el amor a la creación y la compasión por las criaturas, dejando atrás, en el desamor que supone la injusticia social, a cualquiera de los hermanos implicados y afectados por esto, que sería para ellos un cambio radical en sus modos de vivir. Es decir, necesidad no sólo de alternativas socioeconómicas para ellos y sus familias, sino la percepción de que de parte de los críticos protagonistas de ese eventual cambio en la legislación son respetados personalmente…

Obviamente, a día de hoy y desde el espíritu moralista que se manifiesta desde grandes sectores antitaurinos, esto no se daría. Y además, en la actual coyuntura histórica «somos, vivimos, y nos movemos» en el capitalismo, lo que significa que tal hipotética ilegalización iría acompañada del clásico «sálvese quien pueda», quizá disfrazado con alguna subvención… Y todo esto significa, a su vez, un nuevo reto para los cristianos que han integrado espiritualmente lo que «el Espíritu dice a las Iglesias de Dios», esto es, un amor universal que opta con preferencia por los que sufren y que se extiende desde ahí a todas las criaturas.

CAP.- 3.
LA TAUROMAQUIA
FRENTE A «LA VERDAD»

Efectivamente, la apologética taurina *vende la verdad*, sometiendo la noción a referentes sucedáneos supuestamente legitimadores, conversos en rocas incuestionables que definirían qué es la verdad al respecto. El cuadro de referencias que usan los apologetas para defender la legitimidad de la práctica es en sí mismo falso. No dirime, cada una de esas referencias, nada sobre la verdad moral de la tauromaquia, sobre su licitud o ilicitud. Sin embargo, los defensores se vuelcan pasionalmente en este argumentario que es para ellos la evidencia misma. Nociones como libertad, tradición, cultura nacional, y, sobre todo, arte, asoman una y otra vez al calor de este debate.

El argumento relativista y los voceros de la libertad de opción

En los breves artículos de debate que sobre algún tema controvertido publicaba aparejadamente la revista *Muy Interesante* —un par columnas cada uno bajo el título respectivo «Sí» y «No»—, escribía respecto a las corridas de toros el literato Andrés Amorós, autor, entre muchos, de un libro dedicado a la vida del torero Ignacio Sánchez Mejías, lo siguiente:

«A los aficionados a los toros nos aburre bastante la habitual polémica sobre la Fiesta: no queremos convencer a nadie, sólo deseamos que nos dejen disfrutar de ella en paz»[99]

Es argumento habitual... «al que no le gusten los toros, que no vaya a las plazas»[100]. Un argumento que pretende halagar los oídos de los que ya están en acuerdo sobre la legitimidad de hacer lo que se hace en esas plazas, o incluso de los que se muestran indiferentes a esto. Porque lo que se invoca es algo tan grande y profundo como es «la libertad». Es este hilo fundamental el que vertebra el libro *Toros para antitaurinos* del señor Miguel Aranguren[101]. La tesis de fondo de este libro apologético es la defensa de la libertad frente a intromisiones. Siempre se aclara que las tales son obra de algún poder *de izquierdas*, es decir, desde el principio no se admite que pueda haber otro género de impugnación, sólo el venido de parte de un odiado intervencionismo público.

Por supuesto, esto no resuelve la cuestión, ni puede resolverla. La invocación a la «libertad civil» ante una *oferta social*, puede ser correcta cuando, previamente, se ha dirimido por todos la legitimidad de que existan unas opciones confrontadas, es decir, el que se pueda elegir una cosa u otra, o el elegir participar de algo o no participar.

Pero esto exige fundamentar tal legitimidad. Puede ser porque ambas opciones —una cosa u otra, un sí o un no a una participación— se perciban como algo bueno, o como algo jerarquizado en su bondad, es decir, que sencillamente el debate se centre en lo que cada cual conciba como mejor, no como bueno o malo. Puede ser que la legitimidad de que existan esas opciones libres en lo civil se base en que son *indiferentes*, no tienen mucho calado o son inocuas socialmente. Puede ser también que el debate sí introduzca el juicio bueno-malo defendido respectivamente por quienes se posicionan a un lado u otro de tal oferta social... Entonces, en este caso, nos introducimos ineludiblemente en otro

[99] *Muy Interesante* n.204 (1998) 218
[100] Luis CABELLO IBÁÑEZ, a.c.
[101] Publicado en 2024 por Editorial Ivat (sello de Homo Legens)

debate anterior, más profundo, con visos de ser irresoluble históricamente y sin embargo no esquivable: la relación entre lo moral y lo legal vinculante...

La no identificación absoluta entre lo «moral» y lo «legal» —salvo en los fundamentalismos que obvian la tensión identificándolos— no significa ausencia de relación, de vínculo entre ambas dimensiones, tal como querrían otros siempre y cuando el efecto de la aberración (el que cada uno haga su real gana, sea lo que sea) no le afecte en su vida, integridad, propiedades, etc. El vínculo existe: hay cosas sometidas al esquema bueno-malo en que lo que una parte de la sociedad estima como malo, no pretende prohibirlo por la fuerza. Porque tal parte de la sociedad estima asimismo que la tolerancia, en este caso, debe primar para que la elección del bien sea libre de verdad y porque el mal señalado no daña directa y claramente a otros, a su vida e integridad, a su libertad civil, a la salvaguarda de su conciencia de toda coacción.

Pero claro, todos convienen en señalar asimismo, desde sus propias cosmovisiones, que hay actos sociales, ordenamientos, costumbres, que no deben estar reguladas por un estatuto de libertad civil de opción, que la inmoralidad de tales actos, ordenamientos, costumbres se debe identificar con su ilegitimidad jurídica. Esto significa que hay situaciones en que esa suerte de *relativismo* de consenso que es la tolerancia del mal, según la percepción de cada cual, es decir el «vaya usted si quiere y si no quiere no vaya», «haga usted esto y si no quiere no lo haga», no tiene cabida alguna ni debe tenerla, según alguna de las partes en litigio: la que identifica ese mal social como directamente agresivo y dañino contra terceros —en sus almas y en sus cuerpos—, directamente corruptor, directamente destructivo de lo que se concibe como derechos inalienables, etc. Ya lo hemos dicho: esto es ineludible, el contemplar el orden jurídico, tras alguna condena o polémica moral, y dirimir entonces qué se puede tolerar, qué debe ser elegible, qué se debe prohibir, qué se debe fomentar positivamente...

Esto a su vez significa que el relativismo puro no existe: todos los que parecen optar por él ante casos concretos y ofertas sociales definidas a fin de legitimar la libertad de opción ante tal oferta social, ya la consideran buena desde el principio. La noción de bien y de mal asoma desde el fondo, y la invocación de un supuesto relativismo moral es una suerte de fraude que brota de ese juicio previo. El teatro consecuente consiste en negar de modo absoluto la calificación como «mal no sujeto a tolerancia legal» que los opositores enarbolan, y usar la invocación a la libertad civil predicando que lo que se dirime no afecta a absolutos sociales, que no tiene ese valor sino el que cada cual le dé... Esta invocación lo es sencillamente para proclamar un somero «déjennos en paz» con nuestra afición, costumbre o lo que sea. Ese relativismo casi siempre es un relativismo ad hoc, respecto a lo que en el fondo creo que es un valor incuestionable por otros: invoco la libertad de opción para diluir la densidad del debate socio-moral y así mitigar o eliminar la traba de la oposición. Si se invoca esa libertad de opción respecto a «los toros», se está diciendo que las objeciones a la práctica mienten cuando invocan principios vinculantes en lo social; que el debate debe situarse, desde el principio, en el terreno de las opciones indiferentes, que debe eludir el dilema ético-social que aborda lo que debe ser protegido o fomentado y lo que debe ser prohibido, abolido. Que sólo es una cuestión de gustos.

Sin embargo, de este dilema nadie puede escapar. La declaración de inocuidad, de que se trata sólo de elegir por gusto de cada cual, ya es una respuesta previa: que puede ser verdadera o falsa.... En los debates sociales acalorados, suele ser falsa; como decíamos, suele ser una manera de decir «déjennos en paz», o «tus objeciones son mentira». Un ejemplo socialmente virulento es el debate sobre el aborto: de entre los opositores hay quienes declaramos la ilicitud de su legalización porque, desde el principio, afirmamos que se ataca la vida de un tercero. La libertad de la mujer respecto a su cuerpo sí la afirmamos; como en el caso del varón, de modo ajustado a su dignidad: esa autonomía no es absoluta, no es admisible ni moral ni legalmente el que alguien se mutile o se venda como esclavo, por ejemplo. Lo que ocurre es que en el caso del aborto no vemos que se trate fundamentalmente de la disponibilidad de la mujer sobre su propio cuerpo, sino de una manipulación del mismo que afecta al destino vital de un tercero personal. Visto esto así, no se puede contemplar la libertad de opción.

Los partidarios de tal libertad de opción protegida legalmente, entonces, no dejan públicamente el asunto en el terreno de la indefinición: si ellos afirman esa libertad, ese supuesto relativismo en el que cada uno pueda hacer lo que piense que le convenga en esta cuestión, es porque a su vez, desde el principio han proclamado dogmáticamente que no hay un tercero en juego... que en un embarazo el sujeto único es una mujer y su cuerpo[102]. Tan es así su previo, su «verdad objetiva», que habitualmente niegan establecer el debate con sus opositores en estos términos. Por tanto, quienes nos oponemos, sí o sí estaríamos atentando contra la libertad de la mujer y seríamos todos machistas. Lo cual, si fuera verdad, no es ni podría ser una opción protegida legalmente en sus efectos sociales, es decir, cuando el postulado sale de la mente y el corazón de un individuo para convertirse en acción social. Su obviedad —no hay un tercero personal— es absoluta. Sólo desde ahí establecen el «haga usted lo que quiera».

Por supuesto y sin embargo, entre los propios partidarios del aborto legalizado se cree en otro sinfín de cuestiones socio-morales a las que no podrían ni querrían aplicar el esquema de la supuesta libertad. Y es lógico, pues el relativismo moral puro no puede tener aplicación irrestricta en los ordenamientos sociales, en el cómo nos organizamos socialmente. Matar, esclavizar, humillar, difamar, explotar, blasfemar ofensiva y obscenamente (no debatir y cuestionar o negar lo que para otros es sagrado, en libre debate)... son acciones que dañan almas y cuerpos. No pueden estar sujetas a la libre opción.

---

[102] Hay quien matiza, y entonces, con el asunto del momento de la irrupción de un ser personal humano desde el ser vivo no personal que le precede en un mismo individuo (?) se mete en el laberinto de las colisiones de derechos, etc. Hay quien no quiere matizar; la mayoría no sólo no matiza, sino que afirma: veíamos en un folleto de Amnistía Internacional, que defiende que la no legalización atenta contra los derechos humanos, que sólo es «persona» quien está más acá del útero. Con la misma edad, si está en el otro lado, aún dentro, no es persona. Es al nacer, según ellos, cuando se es persona.

Desde estos presupuestos entonces aquí añadimos: torturar animales no puede estar sujeto a libre opción. El caso de la polémica taurina está inmerso en este mismo dinamismo, en estos parámetros: el señor Aranguren, aludido antes, es un ultraconservador de la rama del ideologismo cristiandista. Sin cuestionar su fe personal, su relación con Dios (de la veraz y bondadosa de Dios con él no dudamos en absoluto), contemplamos un sometimiento ideológico que le conduce a la apologética taurina. Él invoca la libertad, pero en realidad lo hace, lo puede hacer, desde unas afirmaciones que para él son ciertas moralmente y vinculantes jurídicamente. Son las afirmaciones en positivo y en negativo (negar que suceda tal o cual cosa) que venimos desgranando en este estudio. Es decir, este hombre y los demás dicen a los críticos que si no quieren ir nadie les obliga a ello, pero que cierren el pico en cuanto a pedir la abolición, porque: la tauromaquia no sería cruel, el toro no sufre… es decir, porque los opositores estarían mintiendo objetivamente. Y en clave de afirmaciones positivas, moralmente buenas según su visión, y que deben reflejarse en los ordenamientos sociales: los objetores-denunciadores abolicionistas se equivocan y no deben ser oídas sus demandas, porque el toro estaría naturalmente destinado a este combate mortal, el hombre expresa así una primacía sobre los seres que el mismo Dios le ha otorgado, etc, etc.

La invocación a la libertad es aquí, como en otros tantos casos, como en el ejemplo del aborto antes citado, una trampa. No hay *relativismo* consensuado porque ambas opciones sean buenas o indiferentes, sino un relativismo falso, en cuanto el que lo invoca para proteger de ataques a la tauromaquia cree en afirmaciones previas de valor absoluto.

La cuestión es acertar en el juicio. Es legítimo, en abstracto, defender valores absolutos vinculantes socialmente. Pero hay que acertar, es decir, que sean realmente valores buenos que se deben reflejar en los ordenamientos. Así se combatió la esclavitud, por ejemplo. Los objetores no concedían valor a la salida propuesta por la prensa esclavista, aquel «si usted no está de acuerdo con la esclavitud, no tenga esclavos»…

Este dilema es ineludible, decíamos; también para la tauromaquia por la gravedad de los principios que cada cual invoca.

Ineludible, so pena de desvincular conceptualmente la «libertad» de la «verdad», lo que dejaría tras de sí el mensaje de que la invocación a la verdad siempre es coactiva, abusiva y que la indeterminación nunca es dañina. En la práctica, eso no lo cree nadie, ni los filósofos posmodernos paridos por la burguesía y sometidos de buen grado a un buen panteón de dioses.

Tradicionalismo

En la polémica taurina esto es una obviedad: sus defensores pregonan que la tauromaquia es una sana tradición, goza del consentimiento popular, tiene raigambre, es identificativa, ha sido promovida por gentes con autoridad... Sus detractores entonces, despreciarían todos estos factores legitimadores; son, por tanto, enemigos de las tradiciones y de la cultura popular, innovadores sistemáticos que querrían enterrar el pasado, extranjerizantes, etc... «Ni de estos toreros, ni de las cornadas, ni de las raíces estéticas, ni de la cultura, ni de la idiosincrasia de muchos pueblos, quieren saber (o es que no lo saben) los dos o tres inmencionables que nos quieren modificar el Reglamento de Espectáculos Taurinos». Así muestra su indignación el citado Salvador Cayol, cronista taurino. Raíces, cultura, idiosincrasia... tradición.

Este argumento, es decir, que siempre se ha hecho así, que tiene raigambre, enfatiza el consentimiento popular en una suerte de declaración *democrática* que se conjuga, para afirmar su totalidad, con el «argumento de autoridad». Se busca el refrendo o la tolerancia de quienes son estimados en cada momento como grandes. Así el P. Andrés Mendo, en el siglo XVII, argumentaba en favor de «la fiesta» por «el consentimiento de toda España, en la que con tan católicos Reyes, con gobernantes de tan timorata conciencia, no se concibe que puedan permitirse espectáculos ilícitos, sin que reclame ninguno de tan santos y sabios varones»[103]. Este jesuita reafirma este argumento no sólo refiriéndose a reyes y

---

[103] Referencia en P. PEREDA, o.c., p.73

totalidad del pueblo —«toda España»—, sino a los que son modelo para esta totalidad: «acuden religiosos a las corridas de toros, y no pocos de ellos son preclarísimos en virtud y ciencia», asisten «religiosos, muchos en número, e insignes en sabiduría y santidad»[104]… Más tarde, con otros referentes morales en occidente, hay quien invoca un inconfesado argumento de autoridad refiriéndose a la afición taurina de Hemingway, de Picasso, de Lorca… de Almodóvar; otros, desde opciones conservadoras, añaden o quitan nombres: todos conjugan la *tradición* con la *autoridad*, que confirmaría esa tradición.

…Volvemos entonces prácticamente al epígrafe anterior… Ante leyes de protección animal, ante los afanes abolicionistas respecto a la tauromaquia, se invoca un concepto inmanente de «tradición». No se confronta la costumbre con «la verdad», sino que se sacralizan la costumbre. Y precisamente esta aberración, especificada respecto a estas fiestas asociadas culturalmente de modo habitual a atmósferas nacional-religiosas, es defendida desde sectores que para otras cuestiones éticas debatidas se cuidan mucho de proclamar que hay casos no relativos, sino referentes al bien y la verdad, casos que no pueden relativizar respecto a opiniones supuestamente mayoritarias o no, o a su presencia prolongada en el tiempo, en las culturas. Sin embargo, así lo hacen con «los toros»: son tradición, y punto.

El que algo sea o se califique como «patrimonio cultural» no es un valor en sí. Esta expresión, con todo el empaque que tiene y toda la carga de supuesta legitimidad con que se usa, se refiere a tradiciones, expresiones enraizadas, modos populares de ver las cosas, es decir, con elementos que no muestran legitimidad en sí: esta legitimidad brota de un juicio positivo después de que sean confrontados con la verdad, con el bien social, con la vocación del hombre… con los *derechos* de Dios en la creación… Se pueden añadir a éstos otros referentes para la confrontación, se puede quitar alguno a causa de la ausencia de fe religiosa del objetor, pero lo cierto es que una tradición, por el hecho de serlo, no confiere legitimidad a una práctica. Que la tradición sea un valor en sí, es

---

[104] Cit en ibid., pp 97-98

decir, que el hecho de la transmisión de valores y costumbres esté inserta en el hecho humano, no legitima sin más a las tradiciones concretas. No hay más que ver el listado del «Patrimonio cultural» de la humanidad para vernos obligados a juzgar sus contenidos. Para confirmar, alegrarse, completar, corregir, abolir, dolerse...

Usar el concepto de «tradición» haciendo referencia a sí mismo como valor, sin afrontar los contenidos de la misma, es una falsedad. Y conduce a hipérboles cuando menos curiosas. Así Ortega y Gasset, para enfatizar la raigambre temporal, habla de «la trágica amistad, tres veces milenaria, entre el hombre español y el toro bravo»... hombre..., además de usar la palabra «amistad» respecto a una relación en que se usan sistemáticamente armas blancas hasta la muerte de uno de los *amigos*, eso de «hombre español» hace tres mil años... Podía haber dicho «habitante de la península», pero el entusiasmo legitimador tradicionalista ha podido más, y así nos planta la tauromaquia o sus antecedentes culturales mil años antes de Cristo con sujetos casi portando la bandera rojigualda.

La cuestión es eludir esa confrontación que sitúa una costumbre frente a la verdad, y así confirmarla, reformarla o rechazarla. La fidelidad a una tradición sería entonces un valor en sí. Y la infidelidad, o el deseo de transformarla, una traición al propio ser, que quedaría así definido por ese ajuste a la costumbre. Ortega, por ejemplo, reivindica «los toros» sin reivindicarlos, porque su escrito sobre el asunto es una retahíla de verdadera palabrería vana de sorprendente vaciedad y sin contenido firme alguno. Son elucubraciones etimológicas, referencias históricas, etc, que significan que el hecho está ahí, y ya está; que no necesita apología ni justificación. Está por encima de valoraciones éticas, es una tradición identificativa y en eso radica su valor:

«Para un español la palabra "toro" no significa un concepto tan genérico como *Bull* para un inglés o *Strer* para un alemán. Me refiero a un español que lleve en las venas la tradición nacional. Los españoles de hoy, que en su mayoría, por causas muy curiosas mas no oportunas aquí, hace un cuarto de siglo perdieron la continuidad de la tradición, andan cerca del inglés o del alemán al usar la palabra "toro": la envaguecen o la dilatan. Mas para un español de cepa —repito— "toro" no significa cualquier macho bovino»[105]

Este género de reivindicaciones tradicionalistas que sitúan la legitimad de una costumbre en el hecho de que está ahí, en el pueblo, es habitual y extendido.

En el gran debate europeo del año 1988 destacaron como defensores de «la fiesta» dos eurodiputados españoles derechistas (Carmen Llorca y José Luis Valverde), un socialista portugués (Antonio Coimbra) y, sobre todo, la diputada española «no adscrita» Carmen Díez de Rivera. A las denuncias se respondía con ironías sobre supuestas dobles varas de medir de los denunciantes, sobre el qué hacer entonces con la presencia de la violencia contra animales en la cultura, desde los dibujos animados hasta los cuadros de grandes pintores o las novelas de autores afamados... Pero el argumento que primaba era la raigambre de la costumbre... el «carácter profundamente popular de las corridas». Punto.

El enunciar que la pérdida de una costumbre, en sí, atenta contra la cultura enraizada, contra la tradición, significa estatuir esos elementos como inamovibles, como rocas irreformables... Pero las tradiciones no son intocables en sí. Hay un concepto de tradición más elevado, que puede ser tanto dañado como enriquecido cuando se cuestiona o se abole una tradición concreta. Depende entonces de unos valores anteriores y superiores. Hay elementos de la tradición que, pese a las protestas de sus defensores dogmatistas, una vez extinguidos no han derribado a tal tradición, a su fisonomía en lo que de transmisión de referentes tiene. Tampoco esta fortaleza la justifica en sí, pues los referentes siguen sujetos a juicio moral, pero acallan las voces de los que predican que tal o tal cosa es intocable, sagrada, pues su desaparición conllevaría la desaparición del todo de un pueblo... Los ingleses han abolido la caza del zorro; los ingleses siguen. En España se puede abolir la tauromaquia y España no desaparecería por eso. Precisamente en aquel año de

---

[105] José ORTEGA Y GASSET, *La caza y Los toros* (Espasa-Calpe, Madrid 1962) 149

1988, el señor David Wilkins, veterinario jefe de la Real Sociedad de Cuidado y Protección de Animales e Gran Bretaña (sociedad fundada en 1924), argumentaba usando estas comparaciones entre su país y España:

«Rechaza Wilkins la explicación por el hilo de la tradición, el hecho de que forma parte de la cultura y el carácter español, aduciendo que en Gran Bretaña, desde los tiempos de los romanos, existían las peleas de gallos y de perros, que se suprimieron y no por ello perdieron su cultura»[106]

Es ésta, en fin, una reflexión impugnadora motivada por la fe católica. Esto nos conduce según se nos ha revelado con carácter de advertencia, a un concepto de «tradición» que puede llegar a confrontarse en clave antitética con las «tradiciones de hombres», es decir, con costumbres, referencias sociales, códigos morales, que se oponen a la voluntad de Dios. La idolatría, es decir, no el consagrar sino el sacralizar lo que no es Dios, ni viene de parte de Dios, es una tentación perenne. El desprecio al ordenamiento de Dios, movido por el orgullo humano, también lo es. El eludir la verdad porque incomoda, desinstala, obliga a replanteamientos, también. De todo esto hay en la tauromaquia; objetivamente, sin introducirnos ilegítimamente en el alma de nadie, pero sí con la pretensión de que quien no ve, vea, y que quien sabe lo que hace examine si es bueno lo que hace y defiende.

Ahora, en pleno debate reavivado e inmerso en grandes confrontaciones culturales de fondo, aflora con vigor la tentación de una sutil idolatría a que se entregan no pocos de los defensores de la tauromaquia. Es entonces más relevante una impugnación en nombre de la fe cristiana, porque se extiende la concepción de que para combatir las disoluciones posmodernas la respuesta son las seguridades tradicionalistas. Que pretenden justificarse por sí mismas, por la constatación de su solidez y, por eso, no se quieren confrontar con la verdad.

---

[106] En *Tiempo* (22-8-1988) 98

Desvaríos nacionalistas

No, no nos referimos a los «independentistas», sino al nacionalismo españolista. La cosa viene de muy antiguo. En el anterior epígrafe, al hablar de la ausencia de valor normativo de las tradiciones y la necesaria confrontación de las mismas con la verdad, concretábamos ciñéndonos al caso de la tauromaquia. Esta tradición, como vemos, es defendida como expresión del alma de un pueblo, el pueblo español, España. Cuando los apologetas enfatizan que en determinadas naciones de Latinoamérica también ha calado, hacen notar que es herencia de aquí, participación del alma española, etc. Del caso portugués no hablan, pues consideran aberrante la práctica tal como se hace allí. Y respecto al caso del sur de Francia procuran pasar de puntillas porque de algún modo parece romper el carácter cerrado del discurso triunfante de la singularidad española.

Este discurso ha asomado históricamente de forma mitigada antes de las polémicas antitaurinas, para resaltar las supuestas virtudes superiores de las gentes de aquí, virtudes que, al parecer, otorga el clima, la sangre, la lengua. El discurso taurino-españolista emerge posteriormente de modo virulento como reacción, cuando se pone en cuestión, por diversos motivos, la legitimidad de esta costumbre enraizada.

En la argumentación legitimadora de tinte nacionalista podemos percibir dos líneas, emparentadas pero diversas. Una es el asunto de la presencia histórica de la costumbre y los influjos que haya podido tener sobre la psicología colectiva. Este fenómeno —que se refiere no a este caso sino a cualquier costumbre o tradición— se revela circular, interactivo: fisonomías que hacen nacer o consolidar una costumbre con sus expresiones factuales consecuentes; y costumbres y hechos que conforman unas fisonomías. Huevo y gallina, pues…

La cuestión es no concebir la historia como algo estático, con referencias petrificadas y sacralizadas que parten de sí. La historia es historia humana —en interacción con todas las criaturas, con los hombres del más allá, con personalidades angélicas, con Dios—, es dinámica. No que no tenga referentes, sino que los definitivamente saludables son trascendentes y por eso impulsan a caminar, a perfeccionar. Esto es una misión entonces, no es un plegarse a un supuesto legado y repetirlo sin más, o establecerlo como ideal.

La propia interpretación de la historia (de esas fisonomías en realidad vagamente discernibles), tal como se da, ofrece la imagen algo caótica de unos dinamismos referenciales, diversos, contrapuestos: exaltatorios, disculpatorios, enmendatorios, negacionistas, contextualizadores, pasados por tamices ideológicos reduccionistas... Rocas interpretativas que en los mismos sujetos se cruzan, condicionan, conjugan, fusionan, yuxtaponen... Y esta polémica permanente, sea expresada como tal o vivida de modo inconsciente en los pueblos, origina a su vez actitudes y hechos que son nueva historia.

Esto significa que en esta barahúnda, al interior de la misma, se puede y se debe anunciar la verdad trascendente como referente último interpretativo; verdad que siempre es, a la vez, plenificadora, correctora, contradictora. Esto es así porque aquellos factores discernibles de un carácter colectivo —más bien de tendencias características— no determinan la bondad o maldad de ese carácter. Y no sólo no son el referente de la moralidad de una tradición, sino que ellos mismos tampoco se muestran con claridad como buenos o malos: suelen revelar más bien carencias y ambigüedades. Son un simplismo falso esas definiciones totales que hablan de «pueblos valientes» y «pueblos cobardes», «leales» o «traicioneros», etc. Y, por tanto, las concreciones de tal reduccionismo falso, el decir que tal costumbre es buena, valiente, gloriosa, honrosa... porque expresa a tal pueblo, que en sí sería bueno, valiente, glorioso y honorable, es otra falsedad.

Con eso abordamos la otra línea legitimadora de tinte nacionalista: el supremacismo. Es decir, la tauromaquia no sólo expresaría sin más al pueblo español, sino que estaría revelando su carácter superior respecto a los otros pueblos. «Los toros» como expresión de la superioridad del español, de lo español, y cifrando además tal supuesta superioridad en elementos conversos en piedra angular de la medición humana, que no lo son: el valor físico, las destrezas audaces, etc. Las verdaderas piedras angulares para tal medición ya han sido reveladas: el amor, la esperanza, la fe.

Ambas líneas nacionalistas legitimadoras de la tauromaquia asoman simultáneamente en toda la historia de esta polémica. La que la sitúa —a la tauromaquia— como expresión ineludible de una idiosincrasia y consecuentemente afirma que los críticos, españoles o foráneos, niegan el ser del pueblo español... Habla el P. Pereda de «extranjeros que critican amargamente lo que no conocen ni entienden»[107]; echa un capote un francés, habitualmente vituperados en esta polémica, y escribe contra «el snobismo de algunos intelectuales de España, malos españoles, que hacen ostensión de no gustar en absoluto de las corridas y las condenan como a vestigio de barbarie»[108]; clama el pobre impresentable de Antonio Capmany en sus diatribas contra la Ilustración y los afrancesados:

«Como de poco tiempo acá se ha hecho moda entrar nuestros jóvenes, enfarinados de bellas letras y piezas llorosas, murmurar de todos nuestros usos y costumbres, que ellos tratan de rústicas y groseras, porque no están amoldadas a la novelería y capricho de los estilos y gustos advenedizos; no podrán eximirse de sus censuras y despreciar las corridas de toros, no siendo diversión introducida por industria extranjera, sino muy rancia y antiquísima entre nosotros»[109]

---

[107] P. PEREDA, O.C., p.12
[108] Maurice LEGENDRE, *Semblanza de España* (EPESA, Madrid 1944) 62
[109] Antonio CAPMANY, *Apología de las fiestas públicas de toros* (Imprenta de Francisco de la Parte, Madrid 1815) (lo de «impresentable» es por las andanzas de esta persona conjugadas con su fanatismo contra lo extranjero, fuera lo que fuese, su consecuente fanática defensa de la pureza idiomática, el «casticismo», sus propuestas explícitas de mantener en la incultura al pueblo y a todas las mujeres para *salvar* a todas estas gentes de los extranjerismos disolventes, etc)

Escribe también Juan Corrales Mateos, bajo seudónimo, que «la hipocresía, la pusilanimidad, el espíritu de extranjerismo y una afectada filosofía han sido en diferentes épocas los más encarnizados enemigos de la tauromaquia»[110]. La furia defensiva que en su época desata la bula del papa San Pío V produce manifestaciones de este tenor. Las condenas papales fueron contestadas y desobedecidas por innumerables clérigos antes de argumentar e intentar hacer ver al Papa que su tesis podría ser incorrecta según los presupuestos que usaba. Esta anterioridad, este reaccionar instintivamente ante el cuestionamiento de unas costumbres establecidas, revela una dimensión fundamental de los defensores de la tauromaquia: la sacralización de la costumbre porque es costumbre nacional. Esto es lo que motivó a muchos de los moralistas contestatarios en aquella época: una reacción nacionalista. Al P. Pereda, que en pasajes de su obra intenta situar la contestación sólo en el drama interior que habría supuesto para muchos el querer ser fieles al Papa y el ver, a la vez, que, según aducían, la práctica no podía ser pecaminosa... se le escapa en otras ocasiones que el motor primero fue el «patriotismo». Así, nos habla de «la nota patriótica, que en un Hurtado Tomás y en Medina y en Mendo y en los Salmanticenses, parece ser el estímulo que los lanza a la lucha, al verse tratados de bárbaros por quienes ni los conocían ni los entendían»[111]. En definitiva y para salvar de algún modo el dañado prestigio de San Pío V a causa de esta cuestión, Pereda junto a muchos otros taurinos argumenta que si Roma intervino de modo condenatorio fue porque la información le venía de fuentes extranjeras... Dice el apologeta que no tenían «en realidad esas lacras del toreo el relieve y cuerpo que se las asignaba fuera de los límites patrios; pero, sacadas de su propio ambiente, abultadas por extravíos pasajeros, ajenos a la fiesta como tal, exageradas por incomprensión o cerrazón de criterio, que se atiene a puros principios abstractos, que difícilmente encajan en la realidad de la vida, es lo cierto que llegó

---

[110] EL BACHILLER TAUROMAQUIA, *El porqué de los toros y arte de torear a pie y a caballo* (Imprenta de Barcina, Habana 1853) 30
[111] P. PEREDA, O.C., pp 9-10

a preocupar en Roma; y ante las denuncias repetidas, el Sumo Pontífice se creyó en la obligación de intervenir»[112].

Pereda, refiriéndose a aquel contexto, el de la bula papal, remacha el argumento varias veces: «el juicio de los moralistas extranjeros es frecuentemente adverso, y en cambio el de todos los nacionales, hombres de vastísima cultura y de fama mundial, casi sin excepción, favorable»[113]. Cierto que este jesuita solía achacar el posicionamiento de «los extranjeros» a una cuestión de ignorancia del genio español, a estar fuera de ambiente… con lo cual situaba inconscientemente a tal «genio» y a tal «ambiente» sustraídos a valoraciones morales, conversos en justificación de sí mismos… Y más aún, superiores a los demás genios y ambientes.

Efectivamente, la tauromaquia ha sido justificada por muchos desde una afirmación supremacista. En la polémica del siglo XVI abundan expresiones de ese tenor: se comprende que el Papa prohíba esto al común de los mortales, pero no a los españoles… Pereda comenta así la defensa protagonizada por profesores de Salamanca: «si los franceses se metieran a toreros, claro que para ellos sería pecado mortal. ¿Cómo vamos a comparar a los franceses con los españoles?». Son muchos los que han seguido argumentando así. El P. Villada, siguiendo a los Salmanticenses, afirmaba la licitud para los españoles a causa de su «destreza y habilidad, no compartida con los extranjeros»[114]; y José Velarde, también del siglo XIX, especificaba en clave de franca superioridad racial:

> «Sólo el español puede afrontar con fortuna los peligros de la lucha con el toro, porque no existe otra raza que reúna la flexibilidad de sus miembros y articulaciones a su serenidad (…) ¿Por qué sólo hay corridas de toros en España? Pregunta Vd. Muy seriamente. ¡Qué candidez! Porque sólo en España hay toros bravos y hombres más

---

[112] Ibid., p.32
[113] Ibid., p.57
[114] P. Pablo VILLADA S.I., *Casus Conscientiae*, Pars I (Typis Alfredi Vromant, Bruxellis 1885) 351

bravos que los toros; porque sólo es dado a la gallardía, ligereza y arrojo de los españoles vencer en tales lides»[115]

Dice Pereda sobre «las cualidades que requiere el torero», «que difícilmente se dan fuera de los españoles»[116]. La retahíla de afirmaciones de este nacionalismo españolista que se erige en defensor de la tauromaquia tiene el hilo conductor de que esto es cosa de españoles y sólo de españoles, porque los españoles son más valientes que el resto. Que esa cualidad define lo español y que «los toros» son su evidencia. Un estudioso del citado Capmany y similares afirmaba que éste «cree también que un importante elemento de esta elevación del espíritu nacional deben ser las corridas de toros, ya que introducirán un tono de fiereza y violencia en nuestro carácter»[117]. Más que introducir ese tono parece que aquel hombre perseguía salvaguardarlo y fomentarlo mediante tal espectáculo, como remedio ante la decadencia. Así, decía preferir «yo esto que llaman fiereza española, que nos puede hacer temibles, a la molicie y frivolidad filosófica del día»[118].

En la alternancia y simultaneidad de las dos líneas defensivas de la tauromaquia que enarbola el nacionalismo españolista, es decir, supremacismo e identidad, suele primar de modo explícito la segunda, la idea de que esta tradición define al pueblo español. Lo otro, la noción de que el toreo es cosa de aquí porque los hombres de aquí serían mas valerosos que el resto, se tiende a dar por supuesto. Dado que la polémica suele transcurrir entre españoles, el asunto de la identidad —y del antiespañolismo— cobra relevancia habitual.

La polémica, cuando ha transcurrido por estos cauces del nacionalismo españolista más que por los filosóficos,

[115] José VELARDE, *Toros y chimborazos. Cartas dirigidas al Sr. D. José Navarrete, impugnador de las corridas de toros* (López y cia, Madrid 1886) 10.16

[116] P. PEREDA, o.c., p.178, nota 1

[117] Javier HERRERO, *Los orígenes del pensamiento reaccionario español* (Edicusa, Madrid 1971) 225

[118] Cit. en ibid.

antropológicos, teológicos, etc, ha tenido momentos muy poco benevolentes. Hay testimonios abruptos, como el del sacerdote fascista Jesús Calvo, famoso párroco de Villamuñío, en León. En una de sus declaraciones, en julio de 2016, y para contestar a algunas expresiones de odio publicadas en las redes sociales a causa de la muerte del torero Víctor Barrio, este sacerdote hacía tres afirmaciones que ilustran este espíritu. En primer lugar, una declaración del principio: «(el torero muerto) era un joven representante de un arte ligado al genio español y a la tradición de nuestra patria»; en segundo lugar, el situar a los críticos en la categoría de antiespañoles: «el rechazo a la tauromaquia no tiene como objetivo la pretendida defensa de los animales, sino atacar uno de los símbolos más emblemáticos de la tradición española»; y en tercer lugar y como fruto moral de esta indebida sacralización, una manifestación de odio para contestar al otro odio: «la vida de cualquier torero vale más que la de todos los rojos juntos»...

La reacción *patriótica* para la defensa de los toros significa, al fin, que la propia noción de patriotismo queda ciertamente rebajada; verdadero patriotismo puede ser, por ejemplo, combatir ciertas «tradiciones patrias» que envilecen a la patria. Lo fundamental, no obstante, y se tenga la noción que se tenga del patriotismo, es saber que la patria no es la última palabra. Ni la penúltima. Hay verdades universales que juzgan y criban estas realidades en que nos expresamos en la historia y que son los pueblos, las patrias. Pero esto no se cree. Afirmada la tauromaquia como ser y sentir del pueblo español, *in toto,* se convierte en un valor por eso mismo. Y no es juzgable.

En toda la historia de la polémica asoman, como una cadencia de fondo que de tanto en cuando se explicita, estas nociones concatenadas: toreo como signo del ser español, sin más; nacionalismo españolista como último tribunal que sentencia, por español, la bondad de toreo: es decir, «España» como ídolo ajeno a un juicio superior que se confronte con su historia. Y más: no sólo sustraerse al juicio de alguna instancia espiritualmente superior que dirima sobre la bondad o no de las «tradiciones patrias», calificando a los cuestionadores de dentro o de fuera como de enemigos de la patria, sino pretender respecto a los de fuera una ilegitimidad congénita para juzgar debida a su inferioridad racial, cultural, nacional y antropológica: «la fiesta» exigiría una valentía inserta en la sangre española de la que «ellos» carecen...

La identificación de esta práctica con «España», como decimos, es habitual en los apologetas... Así, Ortega sitúa la propia comprensión de España en la expresión y el desarrollo de esta costumbre:

«(...) de la historia de los toros —de esa fiesta que durante dos siglos ha sido el hontanar de mayor felicidad para el mayor número de españoles— ningún español sabe nada que merezca la pena, sea dicho para su vergüenza y como baldón de ingratitud (...) afirmo, de la manera más taxativa, que no puede comprender bien la historia de España desde 1650 hasta hoy quien no se haya construido con rigorosa construcción la historia de las corridas de toros»[119]

Como afirma otro de los defensores, «es innegable que la tauromaquia va unida a la historia de España, impregna nuestro lenguaje coloquial, sirve para conocer nuestra psicología colectiva y es uno de los máximos símbolos hispánicos»[120]. Ahora bien, en sí estas afirmaciones no dicen nada sobre la bondad o no de esta práctica. Sólo indicarían que está ahí y que de un modo u otro tiene vínculo profundo con una historia y una psicología. El problema es el salto argumentativo que los taurinos protagonizan: si esto es historia de España, el crítico no amaría adecuadamente a su pueblo; y si se percibe una relación circular entre estas costumbres y el ser genérico de un pueblo, esto no sólo definiría al pueblo como tal sino a cada uno de sus miembros, de tal manera que el crítico se estaría negando a sí mismo por pregonar que la tauromaquia no define en totalidad el alma de un pueblo, o por elegir no sumarse a los dictados y expectativas de tal psicología colectiva.

Este salto, para el taurino, es una evidencia. «La unión de los aficionados es el eslabón que falta para que la fiesta se libre de una vez de esas adherencias indeseables que son su verdadero

[119] José ORTEGA Y GASSET, o.c., p. 141
[120] Andrés AMORÓS, a.c.

enemigo (los fraudes) y se convierta en lo que de verdad es, una de las expresiones más señeras —y también más hondas— de ser del pueblo español»[121], dice un reivindicador del purismo en la tauromaquia… La crítica es entonces una agresión al corazón mismo del pueblo español, entendido tal corazón desde un brutal reduccionismo:

«Esta media docena de muy respetables señores han metido las narices en nuestra casa para intentar acabar con algo tan español como el descubrimiento de América o el flamenco»[122]

La identificación de la tauromaquia con el ser español persiste con nuevos vigores, y la consecuente legitimidad que algunos perciben —porque sí— desde esta supuesta identidad total, es motor de polémicas políticas en las que algunos de los contendientes aprovechan para acusar a sus enemigos de atacar y socavar el alma del pueblo español. Cuando, desde sus convicciones neoizquierdistas, el ministro de cultura anunció en mayo de 2024 la supresión del «Premio Nacional de Tauromaquia», instituido por el presidente Zapatero, el aluvión de acusaciones tenía ese tono de que hablamos: socialistas culturalmente conservadores, como Emiliano García Page, representantes de la derecha como el señor Tellado, portavoz del Partido Popular, periodistas obsesionados con la izquierda, como el señor Vicente Vallés… y un sinfín de personas intervinientes en medios de comunicación, en artículos, en tertulias, en mítines… todos a una clamaron contra el «acto de sectarismo» que para ellos supondría el abolir ese premio oficial en la medida en que con ello se hería nada menos que la esencia de todo un pueblo. Sobre si la práctica a la que se le niega el reconocimiento positivo de un premio oficial es lícita o no, no habría que hablar. Sería una salida de tono.

---

[121] Federico Carlos SAINZ DE ROBLES, a.c.
[122] Salvador CAYOL, a.c.

Al final subyace en este debate un espíritu que es el mismo con que la franqueza idolátrica de los fascistas españoles zanjaba la cuestión: «una fiesta que por española es eterna»[123]. Olé.

Esteticismo

En esto todos los taurinos están de acuerdo: atacar la tauromaquia es atacar o ignorar el arte. Frente a esta visión, los viejos comités antitaurinos hicieron famosa en su día una expresión que a día de hoy perdura: «la tortura no es arte ni cultura», afirmación que indigna a los aficionados a «la fiesta».

Efectivamente la tauromaquia siempre ha defendido como valor específico de esta costumbre el que es una manifestación artística de «belleza». Menéndez Pelayo, por ejemplo, afirmaba que el toreo es «el menos bárbaro y el más artístico de todos los espectáculos cruentos dentro y fuera de España»… Sabedor de las costumbres bestiales con que en muchos lugares se celebran fiestas, espectáculos, competiciones, donde diversos animales son torturados, parece que este hombre quisiera exonerar de algún modo la responsabilidad propia del toreo en cuanto a lo «bárbaro» y «cruento» atendiendo a sus procedimientos estéticos. Ortega, en la obra citada, se adentra en este terreno —obviando absolutamente cualquier otra consideración— vinculando el hacer de la tauromaquia con la danza, y, en un pretendido esencialismo popular que generaría unas expresiones artísticas, con los modos característicos y diferentes de moverse de los varones de diversos lugares de la península:

«Torear es dominar al animal, pero es también, y a la vez, una danza, la danza ante la muerte (…) los andares, las posturas, gestos del torero son la proyección espectacular del repertorio de movimientos que los hombres de su comarca ejecutan en su vida cotidiana»[124]

---

[123] José Antonio DONAIRE, «Línea de actualidad»: *El Alcázar* (5-12-1986)

[124] José ORTEGA Y GASSET, o.c., pp 137-138

No hay defensor de la tauromaquia que no haya empleado hasta la saciedad el término y el concepto de «belleza». El P. Pereda, admirado por los taurinos intelectualizados y señalado como referencia obligada de los estudiosos del tema en clave panegírica, escribía con pasión:

> «Notemos que aquí no hay lucha de fuerza contra fuerza, a lo David, desquijarando leones, sino de la habilidad contra el impulso ciego; de la razón contra el instinto, del hombre como tal, contra la fiera; llevada, a través de los siglos, a tal depuración de fondo y forma, que ya más que a la lucha parece pertenecer a la coreografía, y del tal modo se estudian movimientos y posturas, con tal seguridad se ciñe el toro al cuerpo, que vienen a constituir la fiera y el hombre un conjunto armónico, de belleza plástica»[125]

En su entusiasmo por circunscribir el toreo en el ámbito del arte, para declarar de algún modo la intocabilidad consecuente de la costumbre, el P. Pereda arremete contra las fiestas populares con animales… por su crueldad. Defiende entonces a las «pobres vaquillas», a los toros «dejados a la voluntad del pueblo», despeñados, embolados… a los caballos montados por jinetes «locos» que provocan los ataques de los toros de modo caótico… Vincula este hombre tales costumbres, de «carácter brutal», con los espectáculos ignominiosos en que se usaba a personas con alguna discapacidad para confrontarlas con los toros… El P. Pereda usa de estos argumentos a modo de contraste: esto sería zafio, grosero, cruel… y lo otro artístico[126]… Otra vez se obvia el asunto moral, espiritual, de la crueldad con el toro artísticamente torturado y matado en espectáculo público. Y otra vez muestra este hombre, y sus discípulos, un carácter demagógico: porque los protagonistas de esas fiestas denostadas como de algo *sin belleza*, son todos taurinos; muchas de esas fiestas culminan en el ruedo; y algo crucial: ningún taurino, nadie que provenga de ese mundo, sea profesional o aficionado, alza la voz o se mueve para exigir la abolición de tales

---

[125] P. PEREDA, o.c., p.142
[126] Cf ibid., pp 150-153

fiestas... El referente idolátrico de la «tradición», del «alma del pueblo», es decir, el mismo referente último legitimador de «la fiesta», asoma aquí como argumento incontestable. «Arte», pues. Así todos y cada uno de los apologetas... «Creemos que la tauromaquia es un arte que da lugar a momentos de gran belleza; un arte, por cierto, de gran dificultad, porque el "material" con el que trabaja el artista es aquí un animal salvaje y cambiante» (Andrés Amorós, escritor); «la belleza y la fuerza de la imagen taurina; es una aportación estética positiva al cien por cien. La fiesta del toro es estética de por sí. Lo que pierde en actualidad lo gana en carga estética» (J. J: Gordillo, periodista taurino); «la fiesta del toro es un homenaje a la inteligencia, al valor y al arte humano. Es, en el fondo, un homenaje al hombre» (Lisa Loft, ¡del *Dansk Toro Club* de Copenhague!)...

Para el taurino esto es una evidencia... que evidencia a su vez un concepto del «arte» desvinculado; ahora volveremos sobre esto. Le es tan evidente al taurino, que puede ironizar de modo total, no tiene que afanarse en demostrar por qué esta costumbre es artística. Así, el filósofo Gómez Pin, ante la ocurrencia de un antitaurino que decía que «si esto es arte, entonces una fiesta de antropófagos es un rito gastronómico», podía contestar sin contestar. Demagogia:

«Los aficionados —los 3.000, concretamente, que llenábamos la plaza de Azpeitia— seríamos, pues, antropófagos que encubren sus infrahumanas prácticas bajo el rimbombante título de arte. En tal miseria el torero representaría la estrafalaria figura del destripador que se equipara a Mozart»[127]

Otro taurino, Daniel Múgica, dramaturgo, director de cine, redunda líricamente en la imagen:

«La imagen se configura mientras el matador le impone su personalidad y se llena de toro. Entonces, en esa fusión

---

[127] Víctor GÓMEZ PIN, a.c.

totalmente primitiva, y, por tanto, pura, el arte emerge transmitiendo lo que cada uno quiere percibir»[128]

El lirismo y la epopeya mostrados por muchos en aquel gran embate de los años ochenta del pasado siglo, al fin, sin hojarasca esteticista, se traducen en la imagen con que este autor obsequia a día de hoy a los críticos a fin de intentar cortar la polémica: el crítico es sencillamente «el imbécil antitaurino». Un poco más benévolo, Amorós situaba la incomprensión de este «arte» en la ignorancia. «Para apreciar la Fiesta —o cualquier arte— se necesitan dos cosas: cierta familiaridad y una sensibilidad acorde con su estética. Por eso, esta fiesta ha vivido siempre, desde la incomprensión o la ignorancia, entre polémicas»

El remate argumentativo que aseguraría según los apologetas la licitud de la tauromaquia por su carácter artístico es la producción cultural masiva que ha originado esta práctica. Efectivamente, además de ensayos, hay numerosas expresiones artísticas que han nacido al calor de «los toros». Novela, poesía, música, pintura, escultura, grabados, cine... Tengo delante un libro titulado *Senda del toro*[129]. Es un ejemplo entre miles: un libro de poemas bellamente ilustrado. Una exaltación de la tauromaquia cerrada sobre sí, sin necesidad de defenderse ante nadie. Los autores, con pasión, desgranan poema tras poema, estampa tras estampa, lo que ocurre en la plaza. Lo *embellecen* mediante un modo armonioso de describir con palabras imágenes y sensaciones, y mediante ilustraciones coloridas, logradas... Y ya está...

El problema de todo esto está en «la verdad». Todo el proceso argumentativo, ya sea sosegado o pasional, que defiende a «la fiesta» porque «es arte» es una concatenación de mentiras: que un evento real, una tradición o lo que sea, suscite expresiones culturales diversas que brotan del alma de muchos y son acogidas por muchos más, no dice absolutamente nada sobre su licitud, sobre su carácter beneficioso para esas almas y para las otras; no

---

[128] Daniel MÚGICA, «Toreros»: *ABC* (28-1-1989)
[129] Antonio MARTÍN ANDINO (Ilustraciones: César PALACIOS), *Senda del toro* (Grafiset, Madrid 1997)

aclara si tal evento o tradición puede ser tolerado, o fomentado, o prohibido socialmente hablando. Lo único que testifica tal producción cultural es que el evento existe o ha existido. Pretender con esto basar la legitimidad, la bondad, de «la fiesta» en este caso, es una falsedad. Tantas o más expresiones cargadas de elementos estéticos ha suscitado y suscita la guerra, el imperialismo, el policialismo… Como argumento legitimador no sirve.

Para el taurino, esta producción cultural laudatoria es la evidencia de algo previo que, como hemos visto, se pregona a todas horas y sobre todo, cuando hay que actuar en defensa de esta tradición: que «la fiesta» es en sí arte. Aquí no tenemos por qué negar que haya elementos estéticos. Los críticos podemos percibirlos, pero no podemos degustarlos a causa de la repugnancia que nos produce el motivo de que se exhiban, su contexto y su fin. Entonces, ¿es sólo cuestión de sensibilidades? Los taurinos dicen que sí, hablan del carácter enfermizo de tal aversión[130], o lo solventan, como decíamos antes, con el consabido «si no te gusta no vayas». No, en muchos de los críticos no es cuestión sólo de sensibilidades heridas, o de gustos artísticos diversos.

Nuestra reflexión, nuestra impugnación, se basa en la fe y en las consecuencias de la fe. Hemos dicho que la espectacularidad de algo, el que suscite reacciones culturales, el que guste sensiblemente a muchos, nada dice ni de su licitud ni de su ilicitud. Ahora también decimos, a sabiendas de introducirnos en un debate inacabado, en un enunciado que se interpreta desde posiciones antitéticas, que tras el término «arte» hay un debate de fondo que en general quiere ser ignorado, entre «estética» y «esteticismo». Es decir, entre un sentido del arte humanizador, espiritualmente bello,

---

[130] Respecto a esto no puedo dejar en el tintero una sabrosa anécdota: hace años, cuando mi segundo hijo era aún un niño, iba con otro amigo en el coche del padre de otro compañero de clase. El conductor, el padre, sacó a colación el tema de «los toros» y tanto mi hijo como su amigo manifestaron escuetamente su *no adhesión* al asunto… Entonces aquel hombre, prototipo de la derecha conservadora *católica*, les espetó que si no les gustaban «los toros» tenía que ser debido a algún trauma infantil…

y una concepción de la estética desvinculada de la verdad que entonces perdería su ser para decaer en esteticismo, en manifestaciones *artísticas* en cuanto sensiblemente armoniosas, deslavazadamente *bellas*, para expresar maldad, crueldad, obscenidades, blasfemias hirientes y aberrantes, desesperación, amargura existencial sin salida, egoísmo brutal...

Como diría Bernanos, «los imbéciles» pensarán que entonces aquí se defiende que sólo el arte sacro es arte, o que hay que prohibir y prohibir... No es eso. Es, en primer lugar y franca y libremente expresado, que pensamos que no toda manifestación que contenga elementos estéticos es arte. Que si algo es legítimo porque es artístico, porque es arte, esto significa que tal concepción de arte nos introduce en el auténtico terreno de la belleza, es decir, en el ser de Dios, participado por nosotros y que es sinónimo del bien, de la verdad, del amor expresado.

No es eludir la maldad, que existe; ni la fealdad, ni las aberraciones... Nadie ha profundizado en los abismos de la humanidad como un Dostoievski... y sin embargo, su literatura está en las antípodas existenciales de toda esta producción —alguna bien escrita— tan amarga, tan cínica, tan obscena y tan rastrera que caracteriza a no pocos autores afamados o con aspiración a ser reconocidos... Muchos de los críticos literarios nos aburren con las mismas calificaciones fotocopiadas... «descarnado», «lucidez», «transgresión» y etc describen una y otra vez esas producciones que no trasmiten nada bueno. La adulación es muchas veces de tal estilo y calibre que producen sonrojo.

El asunto de la tolerancia, respecto a esto o a cualquier otra manifestación que pretenda ampararse bajo la cobertura del arte, con razón o sin ella, entra en ese debate a que hemos aludido páginas atrás: cuándo debe intervenir una sociedad en sus regulaciones y de qué modo, ante propuestas de palabra o de obra que no sólo se puedan calificar como de ilícitas moralmente desde alguna perspectiva trascendente, sino como lesivas para alguien, para la propia vida social. Es aquí donde situamos a la tauromaquia: nos da lo mismo que haya elementos estéticos o no; no hay que discutir sobre esto... Torturar metódicamente a un animal y luego matarlo ceremonialmente, con procedimientos estilizados, músicas, trajes espectaculares para la ocasión, gestos y movimientos armoniosos, danzas, ritos, colorido, gravedades existenciales teatralizadas… contradice no sólo la verdad sino la verdad que se debe tener en cuenta a la hora de establecer cómo nos relacionamos socialmente. Es decir, que es una muestra de esteticismo que sí debe ser abolida, en las costumbres y en las leyes.

Esto también es un reto para los antitaurinos que desde posiciones existenciales carentes gritan eso de «la tortura no es arte ni cultura». Con su enunciado están implícitamente defendiendo una noción de arte que no lo desvincula de la verdad y el bien. Sólo que sus previos ideológicos, en general, no les permiten ver que esta noción, la misma, es aplicable a muchas otras manifestaciones de pretendido arte. Y estas contradicciones son aprovechadas por los elementos conservadores que defienden «los valores», incluyendo en ellos a la tauromaquia. Efectivamente, hay un ejemplo clamoroso de cómo al concepto de arte también se le endosan las dobles varas de medir: son las blasfemias de carácter obsceno. No una obra, una novela, un ensayo o lo que sea, que niegue validez a tal o cual religión, o que discuta sus dogmas, su moral, su historia. Tal producción debe ser libremente acogida por las regulaciones sociales. Puede ser incluso ácida, áspera, hostil hasta la saciedad, pero entra claramente en el contexto de los ámbitos legítimos de la libertad de expresión e incitan a un debate libre. El creyente de esa religión, si no es integrista, puede sentirse dolido, o indignado incluso, pero sabe que la respuesta no es la prohibición… Pero otro cantar —que casi nadie reconoce— es la blasfemia hiriente y obscena, siempre obscena, que se ampara en el concepto de arte y así exige intocabilidad. Algo que daña las conciencias de muchos y que se hace para dañar esas conciencias. Argumentar la intangibilidad del arte porque «es arte», esté no sólo desvinculado de la verdad sino concebido como elemento para dañar socialmente, es el mismo fondo de lo que hacen los taurinos con la tauromaquia. Y éstos no pierden la ocasión para señalar a los otros por su hipocresía.

CAP.- 4.
SUBLIMACIONES Y ABUSOS SIMBOLISTAS

La lírica del combate y la tauromaquia:
la vida contemplada como espectáculo bélico

Decíamos más atrás que hay un vínculo, no sistemático pero real, entre el hacer sufrir gratuitamente a los animales y el hacer sufrir a los hombres. Ambas crueldades están emparentadas en el corazón humano. De hecho, históricamente, esta relación se percibe y se institucionaliza en el viejo vínculo de la guerra, el combate, con las prácticas violentas ejercidas contra animales por diversión.

La propia caza, por ejemplo. Obviamente, no nos referimos a los pueblos cazadores, ni a los grupos sociales de cazadores insertos en sociedades agropecuarias y de pescadores, que desarrollen esta actividad como fuente de sustento para ellos y para otros. La caza ha tenido otros escenarios: la nobleza que practicaba la caza no estaba obligada a hacer esto para comer: multitudes de trabajadores del campo y de las granjas se ocupaban en abastecer sus necesidades y sus caprichos. La caza se practicaba por diversión y porque el uso de las armas que implicaba, era a su vez tanto ocasión de entrenamiento para la guerra como muestra competitiva de la posesión de las habilidades necesarias para matar a otros hombres en combate:

«Las leyes que mantuvieron la caza como un monopolio de la nobleza, en la mayor parte de Europa occidental, frecuentemente hicieron explícita la relación que aquella guardaba con lo militar: en la caza, lo gentleman aprendían la disciplina y la presteza necesarias para el mando en el campo de batalla»[131]

El Venerable José Rivera compartía esta visión, en clave de denuncia del mal. Efectivamente, tras declarar como «inadmisibles» los «deportes o fiestas en que se disfruta con el padecimiento de otros seres», aclara que «los reyes y señores de la Edad Media, y más tarde, veían la caza como preparación para la guerra... Y yo creo que es así, aunque el cazador parezca pacifista irrevocable»[132]. Esto mismo ha acontecido históricamente con las prácticas violentas ejercidas contra los toros. Los alanceamientos de toros protagonizados por las aristocracias guerreras fueron cosa habitual en la península ibérica... «lidias de toros, en las que ejercitaban su pujanza los primeros hombres de la nobleza musulmana (...) En ellas mostraban su bizarría los más esforzados caballeros árabes. La nobleza castellana se dedicó con entusiasmo a esta diversión para demostrar a sus rivales moros que nadie les aventajaba en valor y destreza»[133]. Diversas leyendas implican al Cid, por ejemplo, en esta costumbre, hasta convertirle —sin base documental— en «el primer alanceador de toros»[134]. Lo cierto es que la práctica originaria está asociada de modo determinante con el mundo de las violencias humanas y todo el aparato producido al respecto.

«Los árabes de Al Ándalus gustaban de las fiestas de toros tanto como los cristianos de los reinos del norte de la Península Ibérica. En las marismas del bajo Guadalquivir pastaba una raza de toros de una bravura sin igual, y los hombres podían mostrar su valía montando a caballo y alanceando esos toros (...) En el "Poema de Fernán González" del siglo X se citan las fiestas de toros. Y en el

---

[131] Jonathan Powis, *La aristocracia* (Siglo XXI de España Editores, Madrid 2007) 69

[132] José Rivera Ramírez, o.c., p.33

[133] Jorge Laverón, *Historia del toreo* (Acento Editorial, Madrid 1996) 8

[134] Ibid., p.9

año 1135, en las fiestas de coronación de Alfonso VII, se celebró una corrida[135] en Varea, cerca de Logroño. En el "Libro de las Cantigas" del rey Alfonso X el Sabio aparece la miniatura de una corrida de toros. Juan I de Cataluña-Aragón fue aficionado a la tauromaquia. Estando en 1390 en Barcelona, quiso que viniera a su corte un diestro taurino de Castilla y mandó a uno de sus secretarios que le escribiese la siguiente carta: "Porque querríamos tomar plazer en veros matar toros, vos dezimos et mandamos que vengades aquí a nós, con quatro toros, los más bravos que haver podedes e ocho murellos e dos alanes vaqueros e dos matatoros"»[136]

Este formar parte de la cultura de la guerra será precisamente uno de los argumentos usados en España para rebatir la prohibición pontificia a esas corridas de toros. Cossio, en su gran apologética de «la fiesta», recoge por ejemplo una intervención realizada en las Cortes celebradas en Madrid en 1576 en la que se «suplica a su Majestad que sea servida de ver la utilidad y provecho y gran bien que con el ejercicio de los toros resulta a los hijosdalgos, ejercitándose todo el año en saber hacer mal a caballo, traer una lanza y una adarga encima de él, que todas estas cosas son concernientes al arte militar de la guerra». Felipe II pedirá a los Papas el levantamiento de la excomunión prescrita a los participantes en esta práctica porque en ella se ejercitaban los caballeros para afrontar la dureza de la guerra. Esta protesta será habitual en los moralistas de la época. Por ejemplo, el teólogo y jurista Juan de Medina, quien en el segundo tomo de su *De poenitentia, restitutione et contractibus*, publicado tal tomo en 1606, argumenta la licitud de la tauromaquia porque la nación había escogido ese espectáculo a fin de que los caballeros se adiestraran

---

[135] No eran «corridas de toros» tal como se configuraron siglos después, sino provocaciones, carreras, burlas, a caballo, y posteriores alanceamientos ejecutados por gentes de guerra.

[136] Enrique DE OBREGÓN, «El toro y el hombre»: *Historia y Vida* n.353 (Agosto 1997) 13

en el uso de armas para la guerra. Este teólogo ve en ello un bien general que debe prevalecer sobre los bienes particulares...

En el siglo XVIII el ya citado aquí P. Sarmiento, benedictino opuesto a la tauromaquia, intentará desmontar el argumento, que seguía en vigor. Lamentablemente este hombre, luz para nosotros por sus ataques a la pena de muerte, a la tortura, a la crueldad con los animales, no lo fue en relación a la guerra, que, como casi todos siempre y ahora, legitimaba de un modo u otro, o sin más. Su objeción al argumento no consiste entonces en este caso en denunciar el vínculo de la crueldad entre los hombres con la crueldad contra los animales, sino en decir que era una falacia porque en su época «los toreadores no piensan ir a la guerra», y porque «todos los demás mirones en nada de fuerza ni de destreza se ejercitan».

Tenemos, pues, una conjunción histórica entre «combate» y «espectáculo». Y esto nos conduce directamente, en Occidente, al circo romano. Escuchemos a un apologeta taurino:

«El espectáculo más parecido a las actuales corridas de toros fue el circo romano (...) Los romanos implantaron la lucha de fieras —un sangriento espectáculo— en el cual el toro tuvo un lugar preferente (...) los romanos se sirvieron para sus juegos del circo de la pujanza del toro (...) En cualquier juego, en cualquier espectáculo romano se ensalza un espíritu heroico y guerrero —muy adecuado para su política—, donde las viejas virtudes del valor, la destreza ante el riesgo y el peligro, conforman al héroe merecedor de aclamación popular[137], y para ello el toro, una fiera única, se convierte en pieza básica. Marcial, el gran satírico escritor, narra en sus *Epigramas* la lucha del toro con

---

[137] Versión *bautizada* del mismo cuadro nos ofrece, por ejemplo, un tal Fray Antonio de Ciudad Real, quien asiste en 1570 a un lance taurino en México ejecutado por un joven español que le hace escribir: «Todo lo cual se refiere para gloria y honra de Dios, que tal ánimo, fuerza y destreza da a sus criaturas» (cf P. PEREDA, o.c, p.7)

148

otras fieras. En todas el toro sale vencedor (...) La similitud del circo con los toros es sorprendente»[138]

Esta relación, de origen o de similitud, con el circo romano, ha sido puesta de relieve tanto por defensores como por los detractores de «la fiesta». Se enfatiza, por parte de los apologetas, el valor de un combate personal a muerte, con sus reglas de honor y sus rituales. Por supuesto, el sufrimiento animal aquí y como siempre, no asoma siquiera. Es la lírica del combate, el sabor del riesgo, la presencia de la muerte... la vida contemplada como guerra, que aquí es representada en términos controlados. Los toreros son gladiadores. Los panegiristas usan el lenguaje de la milicia, de las ofensas vengadas...

«Por el singular concepto caballeresco de la época las luchas entre el jinete y el toro eran luchas individuales, sometidas a las leyes del honor como entre dos hidalgos. No está permitido sacar la espada contra el toro mientras éste no haya hecho alguna ofensa personal al caballero, quien se considera ofendido cuando le derriban la pica, el chambergo o la capa, o cuando le hieren el caballo que monta o cualquiera de los de su acompañamiento. En estos casos el caballero está obligado a guiar su caballo hacia el toro, con empeño de vengarse o morir; y cuando a conveniente distancia se halla, debe acuchillarle, frente a frente, sobre la cabeza o el cuello; pero si el caballo se resiste o no quiere avanzar, el caballero echa pie a tierra y acércase valerosamente al toro, daga en mano, y entonces los otros caballeros, que aguardan a su vez para combatir, apéanse también y acompañan al que se halla en el empeño; pero no le ayudan ni pretenden lograr para él ninguna ventaja contra su enemigo»[139]

[138] Jorge LAVERÓN, o.c. pp 7-8
[139] José DELEITO Y PIÑUELA, *También se divierte el pueblo* (Espasa-Calpe, Madrid 1944) 127

Todas estas supuestas glorias combativas no son algo sobrevenido a lo que el hombre debe hacer frente mostrando valor, determinación, arrojo y desinterés, sino, como decíamos en otro lugar de esta reflexión, son el supuesto fruto de un montaje teatralizado y muy público en que, a costa de un sufrimiento inaudito infligido a un animal pasible, los hombres pretenden obtener fama de valerosos, con todo lo que de bueno y de malo puede acompañar a tal empeño.

Entre los críticos de hace siglos —la mayoría ajenos al reto espiritual que supone el torturar a animales—, la escenificación artificial de un combate a muerte también les trajo a la memoria los eventos circenses del viejo paganismo romano. Así, el jesuita P. Juan Eusebio Nieremberg (1595-1658), quien en una obra titulada *Diferencia entre lo temporal y eterno*, publicada post mortem en Barcelona en 1766 y reditada en el siglo XX[140], condenaba la tauromaquia comparándola con las luchas de gladiadores. En este siglo XX un abogado y ex crítico taurino, Caro Quesada, converso en enemigo de «la fiesta», escribía en ABC (8-11-1964) que «el ruedo es un bullicioso matadero colorista, una nueva edición de aquellos circos romanos que vituperamos tanto, una sucia y alegre carnicería»...

Este artificio, la lírica del combate, es un verdadero abuso simbolista que provoca una sangría para demostrar las destrezas humanas y su carácter esencialmente guerrero violento. Violencia como adjetivo porque existe la noción —no creída por casi nadie— del luchador no violento, que sabe que la vida es altamente conflictiva por la presencia del mal y no necesita construir ningún decorado para exhibir su valor. Sabe que tal valor, cuando se puede manifestar, es gracia de Dios, y como tal gracia, es difusiva respecto a los contendientes y respecto a las criaturas todas. Estamos, pues, ante un reconocimiento del carácter *guerrero* de la historia que es, por el amor que lo mueve, una antítesis de la poética taurina; un carácter *guerrero* que puede llegar a actuar incluso con miedo no disimulado, puede ser progresivo en su expresión, puede mostrar numerosas brechas violentas por debilidad de los luchadores o a

---

[140] Apostolado de la Prensa, Madrid 1927

causa de situaciones fatales, sin perder por ello su espíritu. El artificio taurino no tiene nada que ver con esto: se sumerge en el ámbito espiritual de la guerra, del combate, de las lides en que los hombres se juegan la vida... para lucir su poder y, en este caso, destrozar ante un público alborozado o asombrado a una criatura que no tiene capacidad de declarar la guerra a nadie y cuya ferocidad y agresividad defensiva es azuzada para que el artificio tenga lugar. Pero la lírica taurina del combate exige que esto no sea así: se trataría de una lucha entre guerreros... incluso existe la noción de «indultar» al toro cuando éste muestra bravura excepcional y, según la jerga taurina, «nobleza» asimismo excepcional... Se le perdona la vida y se le destina a semental, padre de otras criaturas destinadas al sacrificio en forma de espectáculo y diversión.

Así, entre búsquedas de glorias y vidas establecidas voluntariamente como combates a muerte sin objeto trascendente, se levanta toda una mitología. Dice el torero Vicente Ruiz, *El Soro*, que, para él, «el toreo va muy unido a la muerte. Salgo dispuesto a demostrarme a mí mismo que se puede vencer el destino»... Manuel Benítez, *El Cordobés*, se convierte en protagonista de uno de los afamados libros de Lapierre y Collins titulado *...O llevarás luto por mí*. El título viene de lo que este hombre dijo a su hermana el día en que se tiraría al ruedo como espontáneo: «O te pongo una finca... o llevarás luto por mí». La gloria del combatiente sería morir luchando: «Valle-Inclán, entusiasmado con una faena del trianero (Juan Belmonte), le dice con admiración: "Ya sólo te queda morir en la plaza"»[141]...

La muerte, no como algo ineludible y universal a lo que hay que buscar sentido so pena de eludir a la propia vida; o como «el último enemigo sometido» pues ha sido vencida por Jesucristo; ni como «hermana», según San Francisco, porque nos une a Dios definitivamente y revela lo que es caduco y nos tenía atrapados con su embrujo y sus falsedades... No. La muerte que rodea a las obsesiones simbolistas de los defensores de la tauromaquia muestra la facha fatalista de sentido trágico de la existencia, concebida como

---

[141] Eduardo DE GUZMÁN, «La cruzada antitaurina de Eugenio Noel»: *Villa de Madrid* (16-31 Mayo 1989) 12

un combate por la vida y por la gloria que obligaría, realmente obligaría, a que existieran las corridas de toros como condensación plástica de la propia condición humana. Alrededor de este aparato conceptual se canta, se poetiza, se novela, se pinta y esculpe, se danza… se publican ensayos, como *Muerte en la tarde*, de Hemingway, o se hacen declaraciones solemnes que en verdad no dicen nada. Así Fernando Savater, con alguna máxima taurina, un apotegma florido que, en sí, deja en cueros existenciales a cualquiera que se pregunte en serio por la vida, a más de, como siempre, situar el sufrimiento de los animales provocado innecesariamente por seres humanos en el limbo de la inexistencia, la indiferencia o el destino fatal:

«Sí, en el toreo está presente la muerte, pero como aliada, como cómplice de la vida: la muerte hace de comparsa para que la vida se afirme»

El añejo vínculo con la cultura de la guerra que muestra la tauromaquia va a subsistir en espíritu y con otras concreciones. Y en la guerra, para que sea guerra, se puede morir. Entramos aquí en uno de los frutos morales de la lírica del combate propio de la tauromaquia: la exigencia de peligro, de peligro de muerte. No el hecho de que la práctica conlleve tal peligro, sino que se exige.

Por supuesto, el mundo taurino protesta ante el cuadro que vamos a denunciar y arguye, con razón, que los aficionados, casi todos, no van a la plaza a ver cómo el toro mata al torero, sino cómo no lo mata. Asumida la parte de razón expresada por la protesta, existe una buena runfla, bien nutrida, de «sin embargo».

Es cierto —y los taurinos aducen esto— que en muchos espectáculos circenses y en los deportes de riesgo también los artistas y deportistas ponen en riesgo sus vidas. Dejando de lado que en la mayoría de estas prácticas no intervienen torturas a muerte ejercidas contra animales, la diferencia entre tales exhibiciones y la tauromaquia está en las actitudes generales del público. En principio, en esos deportes y exhibiciones, a pesar de su alto riesgo, la muerte, presente como posibilidad por algún error o accidente, queda en un segundo plano en la generalidad de los ánimos: lo que se percibe no es un combate contra la muerte, sino unas destrezas *imposibles* y peligrosas. No son los críticos, sino la propia lírica taurina la que enfatiza la presencia de la muerte como elemento central, como corazón de la tauromaquia: porque no se asiste a las destrezas de un hombre que esquiva embestidas de un animal peligroso, sino a un combate a muerte. Lo otro —ya lo vimos— sería cosa de las inexistentes corridas incruentas, idea abominable para todos los taurinos.

En los espectáculos y deportes de riesgo se han ido asumiendo por el público todas las medidas preventivas que progresivamente se han impuesto a fin de evitar heridas graves y muertes. No por eso han perdido atractivo, pues las habilidades *imposibles* se siguen mostrando como *imposibles* para los espectadores. Los viejos apologetas taurinos dicen que eso no es así, que si un funambulista, por ejemplo, pasea por el cable y salta en él, a medio metro de tierra, no provoca admiración; necesitaría estar en las alturas para que el público disfrute... Ahora bien, si alguien de ese público retira su admiración porque se cumpla una normativa que exige una red metros abajo, en previsión de que el funambulista, trapecista o similar pudiera cometer un error y que esto no le cueste la vida... ese tal del público tiene un problema espiritual: el mismo que tiene gran parte del público taurino cuando exige peligro.

Cascos, barras de seguridad, arneses, redes, sistemas de emergencia, equipos dobles, etc, se han ido incorporando a esos espectáculos deportes sin que por ello se pierda su espíritu: la destreza peligrosa, no un combate entre *guerreros* que se quieren matar mutuamente.

El famoso afeitado de los pitones muestra dos aspectos de ilegitimidad. De uno de ellos ya hicimos alusión páginas atrás: el sufrimiento animal. Un serrado que secciona médula sangrante. Se tapa el canalillo con una astilla, se lima para disimular y se ocultan las estrías con grasa... Produce mucho dolor...

El otro aspecto tiene que ver con lo que estamos tratando aquí: en personas a las que les trae al pairo ese sufrimiento animal, se ve tal afeitado como un atentado a «la fiesta» porque resta peligrosidad. Se cuenta que Isabel la Católica presenció una de esas corridas tumultuosas propias de la época; murieron varios hombres corneados y ella, escandalizada por esas muertes, propuso esa solución, el serrar los pitones… Pero eso, ya en la época, hubiera sido como desvirtuar lo que se concebía como muestra guerrera de valor.

En el famoso libro taurino de Antonio Díaz-Cañabate hay un capítulo titulado «La salvajada de las navajas». Versa sobre unos chicos de calle que sueñan con ser toreros y aprenden *toreando* a uno de ellos, quien, para aproximar sus afanes a la realidad soñada lleva atadas dos navajas a modo de cuernos. Embistiendo en serio, más de una vez alguno de esos aprendices se había llevado un navajazo… El apologeta taurino despacha el asunto de este modo: «¿Qué los toros son peligrosos y se aprovechan en cuanto se descuida el torero? Sí, señor, y eso es el intringulis de la fiesta. Si la quitamos el peligro, ¿en qué se queda? En na. En un juego de niños bueno pa las niñeras y las amas de cría, pero no pa hombres de pelo en pecho que van a los toros, no a divertirse viendo a un hombre que, por lo que sea, por el aquel del dinero o de la fachenda de la popularidad, vence y domina a una fiera por la fuerza bruta, sino poniéndose bonito, valiéndose de unas suertes que parecen un juego y no lo son, porque el toreo es un arte, algo que te estremece como te estremecen pocas cosas en este mundo, lo bonito ajuntao con lo emocionante. ¿Por qué vengo yo a veros? Porque toreáis con navajas. ¿Qué esto es una salvajada que no se debía permitir? Pues entonces que no se permitan las corridas de toros. ¿Y quién es el guapo que se atreva a hacerlo? No ha nacío ni nacerá. Pues en este caso, p'adelante con las navajas»[142]

La lírica del combate gusta del peligro, so pena de acusación de cobardía, de deserción. El público entonces pide grandes y afilados pitones, agresividad máxima del toro, acercamientos, más acercamientos… hay bronca si no se acerca más, si se perciben anomalías en los pitones que impidieran en una posible cogida que el torero terminara ensartado… Históricamente

---

[142] Antonio Díaz-Cañabate, *Paseíllo por el planeta de los toros* (Salvat Editores, Madrid 1970) 33

estas exigencias para acentuar hasta el límite el peligro mortal han sido constitutivas de «la fiesta». Los símiles propuestos por los taurinos cuando comparan esta práctica con espectáculos y deportes de riesgo acaban aquí, porque los espectadores de estos últimos no gritan a pleno pulmón para que se retire la red al trapecista, que el otro se quite el casco, o que se desprenda del paracaídas de emergencia...

Hablamos de que la teatralización de la guerra que aquí se exhibe y en que uno de los contendientes, que carece de la fuerza y de las armas del otro y por eso debe usar de sus destrezas, sea lo más real posible. Y esto repercute en el alma de un público que ya tiene brechas objetivas en su interior al asumir como normal y atractivo un espectáculo cruento.

Cossio, Deleito, el P. Pereda... diversos grandes apologetas de lo taurino, se alarman por esas actitudes del público, que parece exigir una actitud suicida en los toreros. Por el modo en que lo denuncian, sin embargo, estaban atestiguando que este ánimo, es decir, la exigencia bronca de un acrecentamiento sin fin del peligro de muerte para que el espectáculo sea tal, es algo más que frecuente. Hay responsabilidad de ese público en muchas de las muertes... Francisco Herrera (*Curro*), *Valerito*... El propio Pereda, en una de sus anécdotas, llega a denominar a esta actitud como «costumbre»:

«Se cuenta de Cúchares que se encontró una vez con un toro de los broncos y difíciles de veras, al que no había manera de meterle mano. Lo notó el público, y comenzó el abucheo, los silbidos y los insultos, como suele ser triste costumbre»[143]

El problema, en relación a los apologetas que se defienden de las acusaciones al respecto aduciendo que son anormalidades que no tienen origen en la esencia de «la fiesta», es que ellos caen necesariamente en contradicciones. Porque, a pesar de sus puristas protestas, sí es constitutivo de «la fiesta» el que se ponga de relieve con claridad esa lírica del combate que ellos mismos enarbolan. Así, el P. Pereda, maestro de las demagogias taurinas, después de

---

143 P. PEREDA, o.c., p.204

censurar a ese público que quiere y exige mayor peligro de muerte real, no duda en hablar del placer de las emociones fuertes poniendo como ejemplos situaciones bien crueles que degradan a las personas que disfrutaran con su visión.

Balmes, enemigo de la tauromaquia, en un cuestionable ejercicio de supuesto patriotismo, se dirigía a los extranjeros que acusaban a los españoles de «bárbaros», haciendo notar «que la afición del pueblo español a la diversión de los toros no es más que la aplicación a un caso particular de un gusto cuyo germen se encuentra en el corazón del hombre»[144]. Este aserto, curiosamente, es usado de continuo por los defensores de la tauromaquia en sus escritos e intervenciones públicas para afirmar su legitimidad, su conformidad con el espíritu humano.

Esto es una falsificación, propia de los sofistas taurinos. Balmes, cuya opinión sobre la tauromaquia podemos condensar en este juicio suyo: «costumbre que me parece indigna», lo que pretendía en ese pasaje de su obra era, por un lado, desvelar la hipocresía de los extranjeros que juzgaban como bárbaro al pueblo español con aire de exclusividad mientras muchos de ellos se hacían «cómplices de la barbarie española asistiendo a la plaza de toros»[145]; por otro lado, universalizaba la actitud morbosa de placer ante el peligro ajeno, de la búsqueda de emociones, de la atracción ante lo que rompe con la rutina, no para legitimar tales actitudes, sino para declarar que están ahí, que en su versión bárbara y cruel, es decir, pecaminosa, «indigna», no son privativas de ningún pueblo; por fin, intentaba a renglón seguido mitigar la acusación a los españoles rebatiendo la idea de que el espectáculo de «los toros» era exactamente lo mismo que lo ofrecido en el circo romano. Balmes hablaba de número de hombres muertos, cifras espantosas en aquellos juegos circenses, y constitutivos de ese espectáculo, frente a los escasos toreros muertos a lo largo de muchos años y muchas corridas...

---

[144] Jaime BALMES, *El catolicismo comparado con el protestantismo en sus relaciones con la civilización europea* t.III (Imprenta de José Tauló, Barcelona 1843) 271
[145] Ibid., p.272

Esta era la pretensión de Balmes, sólo romper con la idea de que el pueblo español mostraba una barbarie única en el concierto de las naciones. Respecto a «la fiesta», sus ideas son claras: «Y ante todo, y para prevenir toda mala inteligencia, declaro que esa diversión es a mi juicio bárbara, digna si posible fuese de ser extirpada completamente»[146]

Sin embargo, a pesar de sus duros calificativos sobre esta tradición, he ahí que sus expresiones se descontextualizan a fin de poder ser utilizadas para lo contrario. Se llega a más: incluso las descripciones de Balmes sobre algunas actitudes malsanas de la naturaleza humana («naturaleza caída» dice la teología católica), se usan de modo sorprendente para normalizar y legitimar a la tauromaquia. Pereda, sofista taurino consumado, argumenta de este modo; y, como decíamos más arriba, sin siquiera dudar en poner ejemplos crueles que, en vez de suscitar un juicio condenatorio de ciertas actitudes le sirven para *demostrar* que nada hay más natural que ser espectador en el torturar y matar a un toro de modo festivo y público…

«¡Qué atractivo no tienen para los niños para los cuentos de miedo; con qué ansiedad los siguen y cómo gozan en medio de su pavor! Y si entra uno dentro de su conciencia se cogerá cien veces en situación análoga. Se oye que hay un incendio, y se siente la comezón de volar al instante a verlo; se oye que hay o puede haber víctimas, que queda una familia dentro del inmueble, y entonces no hay obstáculo que nos detenga: nada podemos hacer, pero queremos verlo, y es que la emoción del peligro nos fascina y nos da un sí es no en secreto placer vivísimo, en medio de la pena y del pavor. *Nostra est timor ipse voluptas*[147]. Si se nos anunciara que se iba a dar un terrible encuentro entre las fuerzas de mar y aire rusas y yanquis y que lo podríamos ver sin el menor peligro, ¿se quedaría alguno en su casa?

---

[146] Ibid., p.271
[147] Pereda usa una frase que Ovidio, en su Metamorfosis, pone en labios de Júpiter: en el temor mismo está nuestro placer

¿No volaríamos todos como al más maravilloso de los espectáculos, sin reparar no en gastos ni en incomodidades? Y los muertos se habrían de dar por miles y más miles y veríamos hundirse inmensos acorazados con toda su numerosa tripulación, y caer al mar envueltos en llamas a cientos de aviones…; y sufriríamos, quién lo duda, pero, sin embargo, no querríamos por nada haber perdido ese sublime espectáculo, único en la vida. ¿Es que nos atrae el sufrimiento por sí mismo o es más bien que en ese mismo juego brutal de pasiones hay una fuente de profundísima emoción que viene a ser una clase de placer?»[148]

Pereda usa a continuación el adagio latino *si licet exemplis in parvo grandibus uti* (si es permitido usar grandes ejemplos para cosas menores), a fin de justificar, por imperativo y placer emocionales, la existencia del toreo… En sus grandes ejemplos, trágicos ejemplos, no ve este hombre el tirón de la naturaleza caída, sino la normal estructura pasional del ser humano. Por supuesto, aquí se obvia, como es habitual, el valorar el objeto de tal apasionamiento, es decir, si en sí es lícito el dañar a un animal por diversión, pasión, demostración de habilidades…

La tauromaquia incita a actitudes insanas espiritualmente hablando. El señor Ortiz Tapia, en artículo ya citado en estas páginas, explicitaba qué es lo que le atraía de esta práctica. Franco sí que se manifestaba este hombre… «No soy *aficionado* pero disfruto viendo una corrida (normalmente por televisión) hasta la *suerte suprema*; y no por la res, espléndido animal al que admiro por su fiera belleza, sino por el peligro que realmente corre el matador». Y más franco aún era Manolo Liaño, cronista taurino, cuando en *Diario de Jerez* (27-1-1991) decía que «el público quiere emoción y hasta si me apuran mucho, un poquito de sangre»…

[148] P. Pereda, o.c., pp 192-193

El imperativo de los arquetipos:
discursos esotéricos para desplazar el sufrimiento animal

Esto ya es un clásico en la apologética taurina… Están, por un lado, como mayoría, los aficionados intelectuales que escriben sobre el toreo, su prehistoria y su historia, sus escuelas, hitos, estrellas, dramas; sus evoluciones, su proceder estético, así como asuntos relacionados con esa historia, tales como legislaciones, vínculos con la política, etc… Pero, por otro lado y en rededor de esta tradición, han brotado como hongos los simbolistas, los que escudriñan lo que, a su juicio, subyace en esta fiesta… El problema surge cuando una buena runfla de estos estudiosos se convierten en propagandistas de la tauromaquia.

Un ejemplo clamoroso fue Sánchez Dragó, quien dedica un capítulo de su *Gárgoris y Habidis. Una historia mágica de España* a «los toros» en esa clave (cap. IV de la 5ª parte de esta obra publicada en cuatro volúmenes). El toro, presente de un modo particular en tantas culturas, da mucho de sí. En todas las mitologías, toros, bueyes, bisontes, búfalos, tienen lugares específicos que hablan de vida, fecundidad, ciclos, sangre… el toro como símbolo-realidad de las potencias generativas, las fuerzas creadoras… Aparece en los Vedas, en los cultos mitraicos, en Creta, en las leyendas creadoras de los indios norteamericanos, en las tradiciones africanas o asiáticas, en el mundo celta… en las viejas tribus ibéricas. Es protagonista del arte rupestre, de antiquísimas esculturas… Referencias que no tienen fin.

Etnólogos, antropólogos, filósofos de las psicologías colectivas, descubren relaciones simbólicas, arquetipos humanos que se condensan y expresan en la figura del toro, originando cultos y determinadas prácticas por las que el ser humano propiciaría la adquisición de esas fuerzas generativas y todo lo demás… La relación de símbolos tampoco tiene fin: el toro y el fuego, el toro y la luna, el toro y la sangre, el toro y el sexo, el toro y la muerte, el toro y los ciclos vitales… y los renacimientos, el poder… y el misterio de la muerte…

¿Qué ocurre, pues, con todo este bagaje de referencias? Los panegiristas que acuden a los simbolismos ancestrales, los «arquetipos *jungianos*» etc, usan de todo ello para legitimar. Este salto no es lícito: esas simbologías son descriptivas, pueden aproximarse —con evidente fragilidad— a explicaciones sobre diversas filias y fobias, tendencias, tablas de valores; sobre influjos en los hombres desde esas dimensiones infraconscientes (los arquetipos) que condicionan a todos de un modo, al parecer, similar, obediente a unas pautas… Pueden, desde la psicología de las profundidades, investigar incidencias recibidas en nuestro inconsciente, saludables o no, que tienen que ver con vivencias relativas a ese animal o a los significados que suscita; asimismo, se puede bucear en el subconsciente, a lo *desplazado* de modo defensivo, y ver en ello temores, complejos, que a su vez remiten a la muerte, a la sexualidad, al vigor vital… vinculados fuera del control consciente a determinadas realidades como el toro conversas en símbolos… Al respecto, y con este animal presente de un modo u otro, se puede tantear, avanzar en conocimientos, en descubrimientos, todo lo que se quiera o se pueda: nada de esto, nada, tiene sin embargo poder legitimador de una costumbre. Puede explicar, o intentar explicar, pero ni legitima ni deslegitima…

No obstante, el aura de misterio, de profundidad, que aroman esas investigaciones y la revelación de esos supuestos vínculos y símbolos, es usado por cierta casta de taurinos para defender la práctica, precisamente por eso, en nombre de eso: misterios, profundidades, elementos valiosísimos, que los antitaurinos estaríamos despreciando o que demostrarían nuestra ignorancia, el que no sabemos de qué hablamos cuando ponemos en cuestión a la tauromaquia.

Estas sublimaciones esotéricas pretenden revelar el sustrato de las actitudes populares taurinas. Ya Eugenio Noel, en *Las capeas*, aludía de modo irónico a esa aura mítica que rodearía a la figura del toro… «la imaginación del pueblo le ha deificado», «cree en él como no cree en Dios», «su sangre es la nuestra, la soñada sangre de nuestro heroísmo…». Sin ironía ninguna los panegiristas de esta tendencia sacan toda su artillería trufada de elementos de religiosidad pagana, al parecer más apta para entender el universo, y en sus escritos apologéticos aparecen entonces de modo reiterado ciertos conceptos impregnados de míticos misticismos… «animal totémico», Eros y Thanatos, vida y muerte, sacrificios cósmicos, renacimientos eternos…

La obsesión por la muerte de que tratábamos en el anterior epígrafe, evidentemente está presente en las aportaciones de los simbolistas paganizantes. Nos dice Amorós: «el español se ha sentido siempre identificado con el toro. Lo definió como nadie Miguel Hernández: "Como el toro ha nacido para el luto"». Daniel Múgica, en el artículo citado con anterioridad, nos habla del torero como de «un hombre que arriesga el tipo y, más importante, que en la batalla es capaz de someter al animal y someterse al tiempo que recrea un espacio donde sólo cuentan las sensaciones (…) Después, la muerte. El toro ha de morir. La vida del toro es la obra, y su fin, tras el desarrollo, la muerte (…) rueda el toro de una estocada certera, allí, en el centro mismo de las agujas, en el centro preciso de la muerte»

El jugar con los elementos vitales, los ciclos, los contrarios, la propia existencia del hombre, también asoma de modo recurrente. El mismo Múgica, quien se refiere a la infinidad de términos taurinos como de «formas de una mística», dice que «debe ser la magia del toreo, ahí se unen los contrarios, cosas tan viejas como la vida y la muerte o el valor y el miedo, cosas que conjuntadas proporcionan un placer arcano y, a veces, cuando la cogida, trágico». Otros conjugan esta *mística* con las aportaciones simbólicas expresadas en otras culturas para proclamar, en tonos mistéricos, lo que es en verdad el ser humano. Así el filósofo Víctor Gómez Pin, que nos habla de «esos pueblos andinos donde, al parecer, el juego del toro ha integrado ritos arcaicos vinculados a la esporádica aparición y captura del cóndor. En todos ellos (se refiere este autor a lugares dispersos culturalmente hablando) la tauromaquia es popularmente defendida con el dogmatismo ingenuo de aquel que la homologa a belleza sustentada exclusivamente en la racionalidad y la valentía (la superación de sí), es decir, los ingredientes fundamentales de toda tarea propiamente humana»…

La palabrería en torno a estas matanzas ritualizadas no tiene fin… Prima el sexo, claro está: toros y doncellas en referencia a los vigores genesiacos, banderillas y sangre en representación de varones y mujeres, de penetraciones y sangrados femeninos…

Alguna de estas palabrerías, rizando el rizo hasta lo inverosímil y forzando la realidad para que encaje en su discurso como sea, usa de estos misticismos paganos nada menos que para acusar a los detractores de ser instrumentos de represión estatal al servicio del mercado y de una sociedad «en la que el concepto especial del tiempo y del espacio que implica el rito y la fiesta, cualquier fiesta, resulta inadmisible»...

Sexo, muerte, madre, matriz, cosmovisión, ciclos, universo simbólico... se repiten sin cesar. «Los toros siempre han tenido detractores, y ello forma parte de ese maravilloso, único, espectacular, valiente y totémico acto litúrgico»[149], nos dice otro entusiasta. El lenguaje religioso, específicamente cristiano, debidamente paganizado, también contribuye a acrecentar ese halo artificial de misterio. El antropólogo Manuel Delgado Ruiz, se aventuraba a escribir al respecto: «Paradigma, como Cristo, de la virilidad y la realeza, el toro es ese mismo dios trágico que debe morir y ser devorado en comunión por los fieles», y hablaba de una necesidad inconsciente y oculta que provocaba, de modo determinante, el que esta tradición exista[150].

Artificialidad, no porque todo lo dicho sea falso, sino porque se convierte en instrumento legitimador, en propaganda, pretendiendo demostrar la seriedad, las resonancias profundas de «la fiesta», que hablarían de identidades, misiones cósmicas, raíces, sangre... frente a las simplezas de todos los antitaurinos y sus abismales ignorancias de lo esencial.

Evidentemente, la mayoría de los implicados en la tauromaquia, incluidos los que la intelectualizan para su estudio, es decir, toreros y demás personal, ganaderos, apoderados, aficionados, cronistas... no tienen que ver con estas visiones. Los taurinos estilo Dragó y compañía, si fueran seguidos por los otros, provocarían perplejidad en éstos. Pueden tragan muy a gusto lo de la lucha, el riego vital, el dominio del hombre sobre la bestia, y etc,

---

[149] Luis CABELLO IBÁÑEZ, a.c.

[150] Manuel DELGADO RUIZ, *De la muerte de un dios. La fiesta de los toros en el universo simbólico de la cultura popular* (Ed. Península, Barcelona 1986)

pero difícilmente pueden ser transportados a viejos cultos paganos, al simbolismo de lo circular, al sol y la sangre como savias vitales que nutren la tierra, y todas las demás referencias, que serias o no, verdaderas o no, aparecen ante cualquier aficionado como pertenecientes a otro ámbito, cuando no como una majadería. Cuanto más, con un poquito de arte manipulador, se pueden recoger algunos elementos de aquellas viejas simbologías que nadie recibe conscientemente como tales en la tauromaquia, y sacarse a cuenta del sol y de la sangre una banderita española muy lucida...

En verdad este género de apologética taurina parece un postureo, el prurito de unos intelectuales que se presentan a sí mismos como gurús de los arcanos. Evidentemente algunos de los factores que sacan a la luz los simbolistas taurinos pueden mostrarse como reales y operativos en ciertos casos... pero esto en vez de legitimar a la tauromaquia pone encima de la mesa otro manojo de cuestiones profundas que señalan a la práctica como algo que no es bueno para el ser humano: efectivamente, si hay algo que se despierta en las gentes, que está en el hondón de sus almas, y que aflora con ocasión del espectáculo taurino, y este «algo» eclipsa todo sentimiento de compasión hacia el animal y suscita la pasión de contemplar el peligro de otro hombre en contexto de profusión de sangre... ese algo profundo contradice otras honduras y horizontes internos del hombre.

Este género de simbolismos son un abuso ilegítimo porque pretenden cifrar la bondad de «la fiesta» en esos escudriñamientos en psicología profunda y en simbologías colectivas. Los promotores de esta apologética quisieran que el maridazgo entre el mito y el rito se hiciera consciente... Si tal aconteciera, los antitaurinos estaríamos ante un nuevo reto moral y espiritual: habría que imaginarse a los aficionados saliendo de su *templo* ensangrentado por el sacrificio cósmico con aire de saberse héroes solares, iniciados en los secretos primordiales, y bla, bla, bla...

Al fin, tanto en estos intelectuales protaurinos como en los aficionados que pondrían cara de pez escuchando sus intervenciones, asoma como fondo la diversión y el morbo en el sufrimiento y la agonía de un toro provocados por estas maquinaciones humanas. Como hemos titulado este epígrafe, unos discursos esotéricos para desplazar absolutamente el requerimiento moral del sufrimiento provocado a los animales.

Lo más doloroso: justificaciones espiritualistas de origen cristiano

El vínculo histórico entre religiosidad cristiana y tauromaquia es un hecho. Cuando páginas atrás abordábamos de modo sucinto la relación entre festividades populares de origen religioso, o persistentemente religiosas, y las diversiones basadas en el sufrimiento animal, constatábamos la ausencia de una mínima intención en dilucidar si ambas actitudes eran o no compatibles. Fiesta religiosa, cultura popular, alegría… y, por tanto, expresión de la misma según la tradición. Sin más profundizaciones. Sin embargo, estas profundizaciones eludidas, esta tensión perfectiva por la que la fe pone en cuestión las cosas del mundo y las juzga para acrisolarlas, confirmarlas elevándolas, o reformarlas o rechazarlas y abolirlas, es constitutiva de la religión cristiana.

Decíamos que el vínculo es un hecho histórico. No que, por eso, sea legítima la tauromaquia sin más. Un vínculo no solo real, sino estrecho: se celebraban misas para que hiciera buen tiempo y ninguna tormenta enturbiara las fiestas de toros… «se dijeron trecientas misas a las ánimas para que hiciese buen tiempo»[151]. También se celebraban misas para que no hubiera contratiempos, accidentes, dando por sentado, obviamente, la concordancia perfecta entre la vivencia religiosa y estas prácticas, incluso en sus versiones más crueles:

> «En el despeño de toros no hubo la menor desgracia ni era posible que la hubiese, habiéndose aquella mañana propiciado a las ánimas benditas con el sufragio de 500 misas»[152]

---

[151] P. PEREDA, O.C., p.55
[152] Jenaro ALENDA Y MIRA, *Relación de solemnidades y fiestas públicas de España* t.I (Establecimiento tipográfico «Sucesores de Rivadeneyra», Madrid 1903) 423

Las jerarquías de la Iglesia en España, parte de ellas, han vivido esto de modo connatural. El mundo de las cofradías, más asociado a la religiosidad popular, también. En los Manuscritos del Monasterio de Silos se encuentran, por ejemplo, los estatutos de una cofradía de la Sma. Virgen del siglo XV en los que se dispone «de no recibir por cofrade, si no fuere caballero de lidiar toros». A día de hoy, diversas cofradías de Semana Santa, en Sevilla y otros lugares, tienen vínculos orgánicos con el mundo de la tauromaquia.

Festejos con toros organizados por obispos e instituciones religiosas han sido comunes en nuestra historia y en la de algunas zonas de la América hispana. Es un hecho esta relación… un hecho consumado hasta la incongruencia: franciscanos, hijos del autor del «Cántico de las criaturas», como adalides y abogados apasionados de estas prácticas y aun como toreros ellos mismos; las fiestas por la canonización de Santo Tomás de Villanueva, sazonadas con innumerables corridas cuando este hombre las condenó del modo más severo y claro, y etc.

Una pasión mundana sellada con la religión. Ironizaba también sobre esto el mentado Eugenio Noel. Evidentemente, como personaje defraudado con la religión y entregado a unas concepciones vitales que no podemos compartir, no es ninguna autoridad espiritual. Pero se le puede tomar como testigo. Así cuando hablaba de las actitudes de los curas aficionados, que corrían para no llegar tarde a la plaza de toros. Un comentarista de Noel recoge la expresiva frase con que el escritor describía esta pasión: «dos curas, despojándose a prisa de las casullas "para no perder la otra misa de la raza"»[153].

Una relación que es un hecho histórico que perdura… El problema, el reto, es, sin embargo, mucho mayor que el hacer frente a este hecho. El drama es que están, además, los que pretenden encontrar en «la fiesta» esencias espirituales cristianas profundas.

Por supuesto confluyen en este empeño con los simbolistas paganos de que acabamos de hablar en el anterior epígrafe. Ambos parten del presupuesto no proclamado como tal de que es legítimo

---

153 Ricardo GULLÓN, «Revisiones. Las capeas. Eugenio Noel»: *Suplemento ABC Literario* (24-12-1988) p.VII

cosificar absolutamente al animal. Su destino queda envuelto en una nebulosa numinosa en que ambas concepciones también coinciden básicamente: que si la muerte y la vida en clave de tragedia, que si el sacrificio, el simbolismo de la sangre derramada, la purificación... En el caso de los apologetas cristianos, un brutal abuso de la teología espiritual.

También hay confluencias en el uso de un lenguaje sacramental; ya sabemos: comunión, liturgia, etc. Así, el «paseíllo» mismo se puede llegar a convertir en una misa: «No engaña, no se pone un disfraz. Se transmuta. Por eso es una verdad íntima y personal. Los demás lo ven, quizá, como una representación. Él ve el inicio del rito como transustanciación. Un torero se descubre en el paseíllo. No es un trámite, es la aproximación al altar del sacrificio. Y en ese momento el sacrificado es él: sacerdote y víctima a la vez»[154]

Esta *cristificación* de un torero por ser torero, se toma en serio. La tauromaquia formaría parte del bagaje interior e irrenunciable del catolicismo hispano. De un modo no cuestionado, como algo que está ahí para no sólo vivirlo, sino para sacarle jugo espiritual. Cuando este *no cuestionamiento* ha devenido en cierta frialdad, ha convenido recordarlo, hacerlo pasar otra vez por el corazón. Comenta un estudioso al respecto y en referencia a uno de los momentos álgidos del llamado «nacional-catolicismo»:

«Aunque incluso dentro del concepto y afán totalizadores que del hecho religioso poseían los católicos de la época, la fiesta de los toros, no obstante su cuño hispánico, quedaba un tanto fuera de su pensamiento, la aparición, a mediados de enero de 1940, y el inmediato y muy prolongado éxito del semanario *Dígame* —surgido y cincelado en el taller del inimitable humorista y dibujante "K-Hito", antiguo caricaturista de *El Debate*, y en circulación fasta 1971—

[154] Javier VILLÁN, *Curro Vázquez. Sombra iluminada* (José Esteban Editor, Madrid 1995) 19

pusieron al descubierto dicho rasgo de forma muy peraltada»[155]

Otros momentos álgidos de supuestas —y estériles— respuestas nacional-católicas para hacer frente a las iniciativas culturales venidas de las descomposiciones de la posmodernidad, fueron, en España, los años de las propuestas legislativas del presidente Zapatero. No hubo, en general, respuesta cristiana. No afloró el Sermón de la Montaña, sino un combate horizontal bajo el aspecto ideológico de la sempiterna derecha conservadora. Posicionamientos horizontalistas que habían provocado asimismo una brutal y patética dimisión cristiana a fin de abrazar las seguridades mundanas de un nuevo *Constantino* en los gobiernos de la derecha. Dimisión sobrenatural en el testimonio del amor y, consecuentemente y como casi siempre, dimisión respecto a la consagración del orden temporal por el testimonio vital de los hermanos... Y hasta hoy.

Así pues y desde instancias eclesiales y sus medios de comunicación... ¿que en el seno del conflicto identitario e histórico manifestado en Cataluña se cuestionan «los toros»?... pues nada, a defender nada menos que «la unidad católica de España» haciéndose propagandistas de la tauromaquia... ¿Que se habla del «Proyecto Gran Simio»?... pues también lo mismo: sin dilucidar siquiera si la denuncia que origina tal propuesta errada antropológicamente se basa en hechos que necesitan una calificación moral y espiritual, pues eso: a burlarse de los «derechos de los animales» y predicar a pulmón abierto las bondades de la tauromaquia...

Personalmente pude sentir punzadas en el corazón y tristeza profunda ante aquella portada *gloriosa* del «Semanario católico de información» *Alfa y Omega*, nº 545 de 10 de mayo de 2007, en que se mostraba a toda página una escena de toros, con el animal ya herido con tres banderillas, y el lema en letras grandes «La fiesta nacional»... Cosas que, paradójicamente y de modo

[155] José Manuel CUENCA TORIBIO, *Iglesia y cultura en la España del siglo XX* (Actas, Madrid 2012) 225

incomprensible para los neopaganos, alejan de las tentaciones de clericalismo (una relación con la Iglesia de tipo mundano) y hacen profundizar en el misterio, en el ser y la belleza de esta Iglesia de Dios.

La relación falsamente connatural establecida entre la vida histórica de la Iglesia en España y la tauromaquia, conversa en un bien moral y espiritual, ha dado lugar a un género de apologética taurina de evidencias. Dice el P. Pereda, por ejemplo, que «toca a las fuerzas vivas de la nación el procurar esta alegre distracción al pueblo, esta higiene espiritual»[156]. También ha originado, como vimos, un uso de lenguaje y referencias cristianas aplicados a esta costumbre. Así, las identificaciones del toro con el demonio, con Herodes, en villancicos. O el que el P. Isla, en el siglo XVIII, describa, jocosamente, una corrida de toros, usando contra el animal de calificativos de orden moral y religiosos. Así cuando habla de los toros como de «condenados a muerte» y de «castigar con sentencia de muerte su soberbia y orgullo».

El drama de todo esto no es su carácter cuando menos pintoresco, sino los previos en el alma que han eclipsado la compasión, esa que mostraban tantos santos y santas de Dios y a que hemos acudido aquí como verdadera enseñanza espiritual, universal y refrendada por la autoridad docente y vivificadora de la Santa Iglesia.

Por eso, por esta ausencia y esta negación objetiva de una gracia universal, se ha pretendido y se pretende llegar mucho más allá. Los sublimadores de matriz cristiana se empeñan entonces en hacernos llegar el mensaje de que esto, la tauromaquia, no es diversión ni entretenimiento, sino un adentrarse poco menos que en los sagrados misterios existenciales, y hacen, por tanto, unas graves exposiciones espirituales que, si se entiende lo que quieren decir, significaría que después de una tarde de toros, los asistentes, los *fieles* —más que «aficionados»— saldrían de la plaza confortados en el alma, edificados... saldrían mejores personas que como entraron, con más fe... Palabrería sublimista —radicalmente falsa y espero que no mentirosa en estos auténticos panegiristas— de lo

---

[156] P. PEREDA, o.c., p.195

que, a priori, había seducido sensiblemente sus almas y deben justificar con artificios seudo sagrados.

Este querer vincular la tauromaquia con la fe cristiana a través de enlaces sacros, verdaderos artificios, es cosa de antiguo. El conde de Las Navas, Juan Gualberto López-Valdemoro y de Quesada, allá por el 1900, en un escrito apologético de «la fiesta», se preguntaba retóricamente:

«¿Simpatizará la Iglesia con la fiesta nacional porque ésta lleva aparejado el sacrificio cruento de animales, oferta tan propia en otros días de la mayor parte de las religiones positivas? Pertinente serían las citas de los diversos pasajes del Levítico que tratan de la materia»[157]

Esta querencia, este vincular la tauromaquia con la fe, no es una cuestión baladí. Uno puede sonreír, discrepando profundamente de sus visiones vitales y de su propia concepción del ministerio sacerdotal, con la simpatía o el buen humor del que fuera capellán de la plaza de toros de Sevilla, capellán del Sevilla Fútbol Club, capellán real de la Virgen de los Reyes, capellán del aeropuerto de Sevilla, canónigo de la catedral y un sinfín más de títulos en cofradías y hermandades. Este hombre, fallecido en 1996, era un ardiente apasionado de la tauromaquia. O torero o sacerdote fue su disyuntiva de juventud. Era ingenioso: «el Papa no se retira. Y Curro es el Papa del toreo», es una de sus célebres ocurrencias. En él no asoma la más mínima objeción; esto una carencia profunda según lo que el Espíritu ha ido diciendo a las Iglesias de Dios en cuanto a la relación del hombre con los animales. Pero, al parecer, lo vivía con ese tono de tradición incuestionable, sumergida en ella desde niño y que no necesita siquiera ser defendida.

Otra cuestión son los intentos conscientes de sacralización. No son carencias, son errores profundos.

Algunos se alteran gravemente porque los antitaurinos a causa de nuestra fe cuestionemos la existencia de capellanías taurinas. Las capellanías ligadas a instituciones del mundo siempre

---

[157] El Conde de las Navas, *El espectáculo más nacional* (Establecimiento tipo-litográfico «Sucesores de Rivadeneyra», Madrid 1900) 106-107

han presentado ambigüedades, a veces insalvables, o sorteadas por sacerdotes santos que han sabido hacer. Porque en ellas se disuelve en la práctica la frontera entre el ofrecer asistencia espiritual a cualquiera que la pida y el legitimar religiosamente a tal o cual institución y, por ende, sus obrares y sus decires. No vamos a entrar en este debate casi irresoluble aquí. Sólo decir que para la asistencia espiritual hay otros modos que o bien declaran con claridad la no adscripción a la institución *desde* la que una persona pide esa asistencia, o bien tales modos evitan el declararse al respecto y mantienen por eso un tono de neutralidad ante una controversia. En el caso de «los toros» se podría avisar de modo regular a sacerdotes cercanos al lugar para que acudieran en caso de necesidad. Sacerdotes que no legitimarían con su presencia institucional a esta cuestionada práctica.

Este inciso tiene que ver con que la concepción habitual de la capellanía conlleva la sacralización del toreo. Toda una imaginería y literatura consagran esta visión de las cosas: el mirar el rostro de la muerte, la sangre, la oración, la fe...

Hay un abuso teológico en todo esto. Lo que subjetivamente haya en el alma de cada cual, sólo Dios lo sabe, y es evidente que hay toreros que han rezado la «Oración del torero» inserta en ese número de *Alfa y Omega* citado antes, el de la portada sin equívocos, con unción, con veracidad personal. Dicha oración es ésta:

«Señor, te ofrezco sinceramente mi actuación de esta tarde, que se haga tu voluntad, que si suenan en mi honor música y palmas sean ante todo para Ti que me apoderas; si un percance viene en este día Tú lo encamines para mi bien; en fin, que el arte y la fiesta sirvan para glorificarte»

Dios escucha a todos sus hijos, y *recoge* lo que haya de ser recogido. Y esto no hace buenas sin más las situaciones y los hechos. En muchas guerras, en muchas, soldados contendientes han rezado a Dios antes de la batalla, con la convicción compartida por las dos facciones que van a lanzarse al campo para degollarse mutuamente de que Dios estaba con ellos y que batallaban para su gloria... Dios sí ha escuchado a estos hijos. Y ya: eso es lo trascendente. Los intentos de trascendentalizar una causa porque sus adeptos rezan, son cosa de los hombres. El intento de sacralizar la tauromaquia porque en esa cultura hay creyentes y ante un evento de ese calibre rezan, es una maquinación humana. No la oración, que si es cierta es movida por Dios, sino el artificio legitimador.

El problema sigue en pie: otros creyentes, que también rezan, que pueden rezar por los toreros, ven que en ello, en ese «arte y fiesta» no se glorifica a Dios, ni la gente se hace mejor.

Mientras, los apologetas que usan nociones mutiladas de la espiritualidad cristiana, exhiben por doquier los sentimientos religiosos de tal o cual torero, de sus madres rezando por sus hijos…

Otro artículo de ese tenor publicaba *Alfa y Omega* el 1 de junio de 2017[158]. Era una entrevista al que fuera capellán de la plaza de toros de Palencia, Raúl Muelas, realizada por José Antonio Méndez y aparecida en la contraportada de ese número del «semanario católico». En la entrevista se habla de lo divino y lo humano, sin mencionar siquiera el dilema de si es divino y humano el torturar a muerte a un animal pasible para montar un espectáculo. Parece que no habría que argumentar siquiera: el hecho, para este hombre y sus publicadores, es un hecho religioso.

En esta entrevista asoman todos los mitos, o sofismas, que hemos podido ir desgranando en esta reflexión. Primero, lo que ahora estamos tratando: la realidad de que algunos, o muchos, de los intervinientes rezan. Es decir, que tienen referencias religiosas que se hacen presentes de un modo especial en el momento de participar en un espectáculo que puede acabar con sus vidas. El entrevistado no quiere ver más… «Un torero rezando es una estampa preciosa», «rezan muy *en torero*: van de luces y se ponen en

---

[158] A esa fecha, el Magisterio de la Iglesia sobre la relación con el mundo creado y específicamente con el mundo animal, había incrementado su volumen de modo notable. Todo un corpus con las aportaciones de San Juan Pablo II, de Benedicto XVI y el enorme impulso de Francisco… Pero bueno, ya puede el Papa «decir misa» —nunca mejor dicho— que se puede seguir obviando todo ese corpus magisterial sin estridencias en la conciencia.

jarras ante el Crucificado, como brindando su vida a Dios». Insistimos: eso no legitima la situación en la que este hombre esté introducido. Puede *legitimar* su existencia, no sus opciones, que están sujetas al juicio de la verdad. Contradicciones vitales, cuando una buena persona, humilde ante Dios, participa en una opción que se aleja de la verdad. La historia, hasta su consumación final, está plagada de cuadros así: el único en el que coinciden de modo absoluto santidad objetiva y santidad subjetiva es Jesucristo, y su Madre por una participación específica.

Luego viene lo de la belleza... «cada feria doy charlas sobre la belleza como forma de encontrar a Dios». Él, adepto a «la fiesta», ve belleza en estos procederes. Nosotros, antitaurinos a causa de nuestra fe, vemos esteticismo que ahoga la belleza. Gozar con, o en el sufrimiento de otros seres, no es bello. No lo es.

El entrevistado entronca la belleza con la vida concebida como lucha. La frase entera es ésta: «cada feria doy charlas sobre la belleza como forma de encontrar a Dios, la muerte, la trascendencia de la lucha», y más adelante, ilustrando las razones que da a los críticos de esta costumbre, no dice:

> «Cuando se establece un debate desde el respeto, yo reconozco que es una fiesta bárbara, pero trato de explicar que es una alegoría de la lucha, del sacrificio, del dolor, e incluso de la vida cristiana»

Este modo de argumentar es el corazón de la justificación espiritualista: no importa que sea una barbaridad, y que se reconozca como tal. En lugar de juzgar si es lícita la barbaridad en sí, hay una suerte de determinismo: las cosas son así, deben ser así, y entonces y luego, exprimimos para sacar enseñanzas espirituales. Es decir, se extraen lecciones espirituales sobre un hecho. Bien. Pero no es un hecho sobrevenido, sino provocado, sin preguntarse siquiera si es lícito provocarlo. Es como un falso silogismo existencial: sabemos, en fe, esperanza y amor, que del mal se saca bien; del dolor, de las dificultades, de las legítimas luchas vitales, de la muerte... Luego provoco el mal para obtener esos bienes...

El último sofisma que aparece en la entrevista está también en el corazón, en los fundamentos de lo que hace posible la tauromaquia: preguntado por el motivo de que afirme que los toros son una alegoría de la vida cristiana, el sacerdote enarbola el espíritu de lo que el Magisterio define como antropocentrismo «no situado». Sus palabras no son erradas, parecen lo contrario, porque afirman lo que dice la Iglesia, que el antropocentrismo debe estar «situado», en referencia al plan de Dios y, por tanto, a los vínculos correctos con las criaturas. Efectivamente, este capellán taurino decía: «Dios lo crea todo y lo crea bueno, pero al hombre lo coloca como cumbre para cumplir el plan de Dios». Cierto (sobra ese «pero», sin embargo, que parece contraponer, inconscientemente, la bondad de las cosas con el puesto del hombre. Estaría mejor expresado con un «y»). Y sigue: «Hombre y animal no están en el mismo nivel, pero el hombre no puede hacer lo que quiera, sino que ha de comportarse según una norma bien reglamentada, para someter con su inteligencia la fiereza de la naturaleza»... También correcto... El problema es que esto lo dice para justificar la tauromaquia. Es decir, que, para él, aquí el hombre no hace lo que le viene en gana, disponiendo desde sí y sus pasiones de algunas criaturas, sino que estaría ejerciendo el dominio que le ha dado Dios, estaría ejerciendo su inteligencia...

Ya lo tratamos en otro capítulo de modo más extenso. La aplicación a la tauromaquia es un abuso, un sofisma. La referencia de la Iglesia docente, de la Sagrada Escritura, tiene un contexto de bondad, de mitigación de sufrimientos, de anuncio del mundo futuro. La inteligencia que «somete» la fiereza de la naturaleza se identifica con el bien del hombre, con sus necesidades reales mientras camina en la historia. No con una crueldad gratuita justificada por las emociones fuertes y los ornamentos más o menos armónicos sensiblemente. Ese «someter» inteligentemente la fiereza natural se refiere a la agricultura, por ejemplo; a la domesticación de animales, para el vestido, la alimentación, el trabajo, el auxilio a discapacitados, los servicios de rescate... Incluso se refiere, con normalidad, a la caza de subsistencia. Concluir que la tortura ritual de un animal para que el hombre demuestre ante los otros hombres sus destrezas, su valor, o para que otros, como este sacerdote, impartan conferencias espirituales sobre el sentido de la vida... concluir, decimos, que esa tortura es un obligado ejercicio de inteligencia, un cumplimiento de la misión de Dios, de aquel «dominad» conjugado con el «cuidad y cultivad», es un abuso que manipula a la teología espiritual para que confirme y potencie una pasión malsana, dañina para el ser humano. Objetivamente — porque Dios es Dios y puede operar en las subjetividades confundidas— es un desvincular la fe de la vida.

CAP.- 5.
ACUSACIONES VENIDAS DE IDEOLOGISMOS CONSERVADORES DE MATRIZ CRISTIANA

Recapitulando: el cuadro genérico

En España la tauromaquia, sentimental e ideológicamente, suele escorar a la derecha. No hay, sin embargo, una identificación rígida entre estos dos universos: entre los aficionados hay personas de izquierda, de la izquierda burguesa que intenta alternar los gobiernos con la derecha. Hace décadas, con el debate ecológico prácticamente inexistente, y con la reivindicación de la «tradición», por parte de unos, y de la «cultura popular», por parte de los otros, ambas facciones coincidían en los ruedos taurinos.

Ahora, el neo-izquierdismo se posiciona en lo antitaurino, y la izquierda burguesa, como alternativa de masas, no quiere perder votos y simpatías, y opta por un prudente silencio y el evitar en lo posible el debate: que vaya a ver «los toros» quien quiera, y que no haya ruido. La derecha conservadora sí ha tomado postura: la tauromaquia es una gloria española, una tradición popular que hay que defender... con mucho ruido.

En España, hablar de la derecha conservadora es hablar de la llamada derecha *católica*. No todo el conservadurismo es esto... hay ateos (Jiménez Losantos, v.gr), hay anticlericales, hay pragmáticos centrados en el liberalismo económico a quien no importan en absoluto las cosas del espíritu o las tradiciones religiosas… Sin embargo, en el llamado catolicismo sociológico prima, desgraciadamente, el conservadurismo. Páginas atrás hicimos referencia a un libro apologético titulado *Toros para antitaurinos*. Es un paradigma de esto que estamos diciendo: el autor, Miguel Aranguren, pertenece como tantos y sin solución de continuidad a esas dos referencias, la una, religiosa, y la otra social; un mundo en que lo católico es, naturalmente, el mundo conservador. Este hombre, entusiasta de la tauromaquia, vive inmerso en el cuadro de valores, aspiraciones, interpretaciones y juicios, de medios como Intereconomía o el Grupo Vocento; a la vez es un militante de este catolicismo, autor, por ejemplo, del libro *La sangre del pelícano*, una de las varias imitaciones que suscitó la obra de Michael O'Brien *El Padre Elías*. Es desde ahí, desde estas fusiones contra natura, que defiende con pasión, por indiscutible, a «la fiesta».

He dicho respecto a estos maridazgos —derechismo y *catolicismo*— que acontecen «desgraciadamente», no porque lo correcto fuera lo contrario, es decir, el que las gentes que se confiesan católicas pertenecieran a ese ámbito también burgués que se conoce como progresista o izquierdista… El asunto es desgraciado porque el catolicismo sociológico debería coincidir con el catolicismo, con el cristianismo, lo que originaría actitudes muy diversas a lo conocido y establecido; alternativas plurales, sí, carentes, también, pero en las que se reconociera con notoriedad la proclamación de la dignidad integral de la persona y los modos enamorados que transmite para la vida en la historia el Sermón de la Montaña. Nadie así puede ser de derechas o de izquierdas… Como inciso necesario: esta convicción nos sirve aquí para desear, esperar —teologalmente hablando—, que estos sacerdotes, religiosos y laicos, entregados a las pasiones taurinas, abandonen estas pasiones y orienten sus corazones según la bondad de Dios creador. Sin fisuras ni equívocos, ni concesiones al espíritu del tiempo, de la historia caída…

En fin, a donde queremos llegar es que en la contestación a las posturas antitaurinas hay una serie de críticas y acusaciones venidas desde ese ideologismo conservador de tintes culturales cristianos. Estas acusaciones lo son in globo, es decir, que se lanzan contra todo antitaurino por serlo. Independientemente de lo que le mueva, de si es ateo o no, religioso o no. Las acusaciones se presentan con este universalismo porque brotan de previas afirmaciones, de enunciados que los taurinos creen absoluta verdad y, por tanto, dotados de fuerza y vigor para demoler cualquier crítica. El cuadro genérico de acusaciones ya lo hemos ido viendo en los anteriores capítulos. Está el concebir a la religión como bendecidora de tradiciones, sin discernir sus contenidos, bien por su origen festivo-religioso, bien porque asentada la costumbre como tradición popular, se debería *bautizar* de alguna manera... asimismo sin discernir los contenidos:

«La religión lo bendecía y lo presidía todo: ni es esto tan de tiempos pasados que no hayamos visto, los que ya peinamos canas, al Cura presidir en los pueblos todas sus diversiones y aun los bailes en la plaza pública ¡Pena grande que tan patriarcales y santas costumbres tiendan a desaparecer completamente! Era, por tanto, natural y aun debido, que el Cura no sólo presenciara, sino que aun presidiera en los pueblos sus fiestas taurinas; y esto no sólo sin escándalo, pero aun como exigencia social, en tal forma que si a ello se hubiera negado, no hubiese sido sin ofensa del pueblo»[159]

Así pues, los antitaurinos somos todos ofensores del pueblo llano. Porque este argumento se esgrime en la actualidad: son venerables tradiciones, sea una corrida de toros o un toro embolado, o el Toro de la Vega, o lo que sea de esta índole, que unos fanáticos quieren abolir contra la voluntad, las costumbres, las identidades de los pueblos.

Cuando la noción está tintada de religiosidad y se incide en que esas venerables tradiciones son fiestas de santos, de los santos patronos de los pueblos, quienes objetamos precisamente por

---

[159] P. Pereda, o.c., p.113

nuestra creencia en la vocación universal a la santidad, tenemos que hablar: las tradiciones se pueden reformar, pueden cambiar, se pueden incluso abolir, en nombre de los verdaderos bienes del pueblo. La historia de los lugares y sus gentes puede inaugurar eras nuevas, con referencias nuevas o renovadas, e injertar esto en lo más sano que haya en sus tradiciones de facto. La historia, para un Pueblo de Dios al que se le ha revelado su condición de *homo viator*, no es estática ni meramente imitativa.

Otra acusación venida de ese mundo, cuando le hace falta ponerse el uniforme guerrero de nacional-católico creyendo que así combaten al laicismo y las nuevas antropologías, se traduce en el señalar a los antitaurinos, a todos y por serlo, insistimos, como a unos seres en que se funde en una sola actitud lo «antiespañol» y lo «anticristiano». Es el corolario lógico de sus presupuestos. En el número de *Alfa y Omega* que hemos citado más atrás, el de la gloriosa portada taurina, aparecido en 2007, en pleno fragor de esta lucha entre laicismo y derecha católica[160], se defiende a la tauromaquia acudiendo a esas dos esencias, la religión y la patria. El nacional-catolicismo, que aquí sirve para acusar a todo antitaurino, constituye un brutal abuso teológico. Más dañino, por reduccionismo objetivamente blasfemo, cuando es usado para defender esta tradición como si de un depósito sagrado se tratara:

«No es un capricho, ciertamente, el interés por el toreo, interés que será mayor, y más profundamente humano, cuanto más y mejor exprese la, por algo, bien llamada *fiesta nacional* sus raíces cristianas, que de ningún modo restan un

---

[160] Como botón de muestra en ese mismo número aparecía un artículo titulado «Francia reacciona»... Con ese título esperanzador y laudatorio se refería al triunfo político ¡de Nicolas Sarkozy! Una muestra de cómo se puede obviar de cabo a rabo toda la misión consacratoria del orden temporal, todo lo ardiente del Evangelio, de las tradiciones proféticas de los santos, de lo más candente y siempre olvidado de las enseñanzas de la Iglesia. Todo vendido a cambio de seguridad institucional y un rechazo político-cultural de determinadas aberraciones y tonterías propuestas por la neo izquierda para ser sustituidas por las aberraciones y tonterías de la derecha.

ápice de conmoción y de gozo verdaderos. Más bien los asegura y los acrecienta, pues hace bien visible su realidad de destellos de la Belleza misma, la Belleza infinita que es Cristo»

Estas dos acusaciones —el ser ofensores del pueblo y el ser de consuno antipatriotas y anticristianos—, tienen en su origen facha de primacía de lo sentimental. Pero hay también acusaciones *filosóficas*, con elementos de teología deslavazados.

El antitaurino, un «animalista» enemigo del hombre

En el capítulo primero de esta reflexión, en su primer epígrafe, titulado «signo de los tiempos», hablábamos de la tentación de errar el *lugar teológico*, o sus jerarquías, a la hora de abordar un reto al que se debe responder desde la fe cristiana, este reto concreto que es el vínculo del hombre con el mundo animal, sus significados, alcances, etc.

Efectivamente, parece que en muchos hermanos, este reto y otros tantos, son ocasión primaria y única de búsqueda e identificación de herejías. Para defender la fe, cómo no. Incluso los que conceden algún crédito, mínimo crédito, a las llamadas positivas y propositivas de la Iglesia respecto a esto, lo conciben como algo secundario en relación a la gran misión de la Iglesia, lo dejan al margen, le quitan importancia y lo dejan al albur sentimental de cada cual. Claro, que así, en esta pasión de rebusca y denuncia de heterodoxias surgidas con ocasión del reto citado, o de otros, su supuesta defensa de la fe queda en entredicho; porque al ningunear verdaderos y grandes corpus magisteriales mutilan la propia misión de la Iglesia, ocultan el tesoro de enseñanzas persistentes que provienen del Espíritu Santo.

Es muy fácil toparse con esta actitud porque está muy generalizada. Indica que se vive con mucho temor espiritual, con miedo. Esta es una de las cosas que llaman la atención en estas posturas reaccionarias. Reaccionarias en verdad, es decir, actitudes interiores que reaccionan ante cualquier novedad sosteniendo a toda costa el estatus, o algún antiquísimo estatus, como garantía de seguridad doctrinal. No examinar para quedarse con lo bueno, como decía el Apóstol; ni discernir orígenes, influjos y acoger en el molde abierto —infinito— de la fe lo que se identifica como verdad sabiendo que venga de donde venga proviene del Espíritu. El reaccionarismo vive de la sospecha y el temor: si tal o cual cosa es propuesta por quien «no es de los nuestros», se rechaza por eso, no por sus contenidos o intenciones, y luego se fabrica el armazón ideológico preciso para justificar el rechazo. Por supuesto que ese discernir puede conducir a rechazar propuestas incluso en bloque, por sus fundamentos y concreciones; pero también el discernimiento nos lleva a acoger retos de los que no teníamos noticia, a valorar aspectos en que se reconocen verdades...

Decíamos que en la postura reaccionaria entre cristianos prima el miedo como motivación básica. En cuanto a este reto concreto, entonces, defender a los animales, hacer reflexiones audaces acerca de su misterio, no ya significaría correr el riesgo de encuadrarse en posiciones filosóficas, antropológicas, que comprometen la visión cristiana, sino que de hecho significaría esa alineación. Lo cual, como principio, es mentira.

Así pues, la respuesta de los reaccionarios en su búsqueda de modernas herejías en el movimiento ecologista y entre los defensores de animales, supone dos cosas fundamentales: por un lado, el desoír o minimizar hasta la inoperancia o la inexistencia al propio Magisterio de la Iglesia, que, si bien advierte de desviaciones, no basa su enseñanza en eso, sino en proponer una misión. Sobrenatural. Por otro lado, por este rechazo, supone no ver verdaderos retos consacratorios.

El efecto es desastroso: una masa de fieles conversos en guardianes celosos del mundo caído, y cegados con la ilusión de que así, señalando de modo furibundo a los animalistas y cerrando el pico de modo ostentoso y atronador ante los torturadores y cosificadores de animales, están guardando el depósito de la fe.

El resultado ante los hermanos que están esperando el testimonio de la fe en Jesucristo es que las críticas minuciosas que se pregonan señalando tal o cual error fundamental en una u otra declaración o iniciativa referentes al desastre ecológico y a los daños infligidos a animales, pierden autoridad incluso como develadoras de errores reales. Carecen de autoridad espiritual. Por mucho que se acierte en la denuncia, o que se descubran reales intenciones ideológicas concretas en todo ello, enemigas de la noción de Dios, de la trascendencia... el señalamiento no produce fruto. Porque se ha convertido en leitmotiv, y no en lo que es: un instrumento de clarificación y de apoyo, consecuente tras proclamar la verdad plena según se nos revela.

Y esa verdad es que se nos ha encomendado el ser guardianes y agradecidos cultivadores del mundo creado, el mundo que es de Dios; se nos ha ungido para ser vicarios de su bondad... Luego, cuando se contempla la apropiación orgullosa de la obra de Dios, su destrucción motivada por las pasiones desordenadas que producen los siete pecados capitales... cuando se ve codicia y crueldad en el trato a los seres pasibles, cuando se nos da luz para ver que esto daña a los hombres, en sus almas, y en las almas y cuerpos de otros hermanos, innumerables hermanos sometidos al mismo torbellino de explotación sin fin y de destrucción... se nos está dando gracia para ser testigos, no para convertirnos en inquisidores de los errados dejando las cosas *en su sitio*. O, peor, añadiendo, al final del proceso inquisitorial, una levísima protesta, no audible siquiera, que dice que sí, que nosotros también amamos a los animales y que nos gusta la naturaleza. En voz bajita, no vaya a ser que caigamos en herejía.

Las críticas a los errores sólo tendrían autoridad y serían luz para no confundir el camino si, de modo notable, notable de verdad, se nos percibiera como esos guardianes de una creación amenazada. Lo que se percibe, por el contrario, no es sólo general ausencia en estas lides, sino ese afán por señalar como misión primigenia y única. Señalar errores, que en su mayoría son reales errores, y, en un salto ya ilegítimo, hacer ver que en realidad y en sí —esto es importante subrayarlo: en sí—, el discurso ecologista y lo relacionado con la defensa de los animales, es sólo un caballo de troya, una punta de lanza, pata atacar a la fe.

Tengo delante un artículo titulado «Es hora de despertar» publicado en un medio de comunicación eclesial. Es una crítica a la película *Jurasic World: Dominion*. La crítica acierta en describir qué ideología muestra tal film, al fin una concepción del hombre en el universo que no es la que sostiene la fe de la Iglesia, que la contradice. Bien. El problema: este artículo, libros, conferencias, etc, generalizados, reducen su misión a esto. Ni siquiera desplazan el centro de gravedad argumentativo poniendo en el centro la denuncia para luego concluir con la misión. Esto ya sería un error; pero generalmente no se trata del centrar adecuadamente, sino de un reduccionismo total: los articulistas no sienten ninguna llamada para afirmar y anunciar de modo primario y envolvente una relación diferente con el mundo animal y con las criaturas, que llevaría a sus autores, sí o sí, a la denuncia profética. Luego, luego, concluirían advirtiendo sobre errores profundos percibidos en otros críticos. Pero no, esos artículos, libros, conferencias, brillan por su ausencia. Quienes deberíamos ser motor y luz en estas luchas, ungidos en el Ungido, Primogénito de las criaturas, quienes deberíamos ser reconocidos así por cualquiera... no sólo no estamos, en general, sino que se nos contempla en las filas de los autores y cómplices de los desafueros...

Algunos cristianos, por desgracia, se alinean con el movimiento ecologista tal como se presenta filosóficamente hablando; otros procuran discernir, pero en muchos no se percibe con claridad la carga de trascendencia, los consecuentes alcances revolucionarios, la belleza espiritual, que comporta en sí la luz cristiana. Otros, los más, o bien ignoran que haya una misión al respecto, o desde esa cosmovisión conservadora de que hablábamos, se alinean en la oposición al ecologismo y al llamado animalismo, englobando en él a todo denunciante de aberraciones contra animales.

Les queda entonces el combatir a las ideologías. Sin ofrecer nada. Hablar de modo muy serio, como en ese artículo aludido, de «las corrientes filosóficas de muy distinta índole que se enmascaran bajo la defensa de la ecología y de los animales», porque «niños y jóvenes son el objetivo ideal para educar en claras ideologías, amén de los adultos que sin criterio formado acogen de buena fe aquello que tiene apariencia de bien». Repito: sin ofrecer nada veraz y visible.

Los integristas de matriz católica, corriente en ascenso en diversos ambientes y lugares, lo dicen más claro. Los otros, conservadores, participan sin embargo de la misma visión fundamental: se trataría, al fin y en este caso concreto —animales y ecología—, de un gran complot contra la fe cristiana. Que existan esos *complots*... siempre han existido. Ahora bien, se los puede prácticamente obviar, respondiendo a los mismos, a la vez, con una vida de fe expresada en amor sobrenatural, desconcertante, y una vida en testimonio de la verdad, que, sí, ocasionaría el que los odiadores chocaran con el testigo; o bien, se puede intentar basar la vida en la identificación de protagonistas de errores y atontados *aliados*, en el desmenuzar cada palabra, cada propuesta, para rastrear en ellas la sombra de los ataques a la fe, y en una confrontación frente al complot usando de los medios consecuentes a ese espíritu: con la inquisición, las dragonadas, las cruzadas anticomunistas y todo el lote conocido.

Esterilidad e incredulidad en los otros es el fruto de tal espíritu. Pero tiene vigencia en el alma de muchos. Decíamos que los integristas formulan lo mismo, pero de modo más claro. Sin equívocos. Un obstáculo podría ser San Francisco de Asís... pero se le puede barrer:

«San Francisco de Asís aparece como el paradigma de amor del hombre hacia los animales en cuanto que son criaturas de Dios, como él mismo. Pero se movía más en un ámbito poético y estético, que aportando una rigurosa investigación filosófica o teológica»[161]

El autor de este artículo, después de exorcizarnos del peligro de creer en que lo que vivió San Francisco eran dones excelsos de Dios, presentándolo como una especie de sentimental un poco estulto, nos introduce en su escrito en lo que realmente sería en sí, a su juicio, el movimiento ecologista moderno. No sus tendencias, aun tendencias dominantes, o su origen confuso, o las confluencias que represente y en las que podemos ver corrientes de pensamiento que se pueden excluir mutuamente... No. Lo que intenta decirnos este hombre es que si tomas tal o cual postura estás

---

161 Manuel DE SANTA CRUZ, «La protección de animales y plantas y sus ocultos inspiradores»: *Verbo* num. 353-354 (1997) 221-222

traicionando al cristianismo. Porque, según él, detrás de todo ello sólo «se encuentran sistemas filosóficos anticristianos» (p.219), ideas como el «fluido cósmico» de Messmer (p.223), evolucionismo materialista (pp 223-224), trasmigración de las almas humanas a animales (p.224), invasiones orientalistas (p.225), vegetarianismos misticistas (pp 225-226), naturismo rousseniano (p.226), religiones falsas (p.226), sociedades teosóficas (p.227), etc... Todo, menos el objeto al que responder desde la fe cristiana: la destrucción de la naturaleza y el desprecio, cosificación, exterminio y tortura a los animales.

Este integrista enseña que «como contrapunto de las esporádicas manifestaciones de amor cristiano a los animales, que hemos señalado en San Francisco de Asís y San Antonio Abad, hay que reseñar los toques de atención cristianos ante un excesivo amor a los animales»[162]. En realidad, lo que la Iglesia advierte como error espiritual no es un «excesivo amor», sino un amor desviado, un desplazamiento de los afectos. Pero a este hombre, que creía hacer un servicio a la fe con su denuncia, lo que le interesa es contraponer lo cristiano con todo lo que tenga relación con la ecología y la defensa de los animales. Esto le acerca sin más a los conservadores taurinos que usan al fin de los mismos argumentos para atacar a los antitaurinos. Es decir, que, según todos ellos, el hombre tiene un puesto en la Creación que le da derechos sobre los animales tales como torear a un toro, y si alguien cuestiona ese derecho, estaría cuestionando ipso facto el puesto específico del hombre en el concierto de las criaturas.

Este autor señala este dinamismo como última ratio de la defensa de los animales. Y, tras la identificación de la herejía animalista, en la que estaríamos los cristianos que discrepamos de fondo con su tesis, nos da la solución: querer poquito a los animales, muy poquito y con algo de vergüenza. Para exponer su alternativa echa mano de un ejemplo que viene al caso; la tauromaquia:

«Hasta las calles de Madrid llegó recientemente un cartel de propaganda antitaurina, distinto de los habituales, más abundantes y con el tema localizado en el sentimentalismo

---

[162] Ibid. p.222

184

y la compasión. Éste tenía pretensiones de filosofías como la últimamente citada (panteísmo deificador de la Tierra), y decía: "Las corridas de toros… son una manifestación violenta en la que se quiere demostrar, una vez más, la superioridad del ser humano hacia los animales. Una falsa superioridad". Efectivamente, ahí está la cuestión. El contraste de la insistencia de pegatinas antitaurinas sentimentales, con la fugacidad de ese cartel irrepetido, nos lleva a conjeturar graves discrepancias internas entre los protectores superficiales y sentimentales, y los profundos o filosóficos. Se puede ser cristiano y protector superficial y sentimental a la vez, aunque con reparos; pero no se puede ser a la vez cristiano y protector profundo, filosófico»[163]

Es decir, o antitaurino idiota sentimental; o antitaurino anticristiano; o cristiano idiota por colaborar con los anticristianos; o cristiano que con reparos defiende a los animales *sin pasarse* ni buscar profundidades (que serían anticristianas siempre), sino movido por su debilidad sentimental y sin molestar con gravedades a, por ejemplo, la tauromaquia.

Sin tantos retorcimientos, es lo que se piensa de los cristianos antitaurinos: no una concreción del ser vicarios de Dios en su Creación, y, por tanto, vicarios de su bondad, sino herejes animalistas que niegan la trascendencia y el carácter único de la persona humana. Con esta pretensión se intenta zanjar el debate desde instancias taurinas del ámbito ideológico conservador de matriz cultural cristiana. Se encuentran determinadas filosofías animalistas que resitúan al hombre como un animal más en el campo de relaciones naturales, o se exhiben las acusaciones fanáticas de algunos sectores militantes del vegetarianismo, y se ridiculiza entonces toda postura antitaurina encuadrándola en alguna de estas visiones, cuanto más estrambóticas mejor. Ya el P. Pereda, muchos años antes de los protagonismos ecologistas y la consiguiente profusión pública de ese género de cosmovisiones, comenzaba su libro apologético poniendo las cosas en su sitio

---

[163] Ibid. p.232

mediante el recurso de la ridiculización. En este caso, exponiendo a la consideración de los lectores las palabras impugnatorias de un fundamentalista del vegetarianismo, a más de panteísta[164]...

Bien, tras la filosofía y la teología por las que este ideologismo nos acusa a todos loa antitaurinos de profesar un biocentrismo en que el ser humano sería una criatura más del orden animal, viene la acusación moral consecuente: el antitaurino, como los demás animalistas, defiende a los animales... contra el hombre, o poniendo al hombre en la cola, en segundo o último lugar.

Esto también es un clásico... Decía un jesuita, el P. Güenechea, en una obra de 1915, que una mentalidad «que no hace caso a las almas, y no puede hallarse con un pobre sin hacer ascos, mal puede hablar de protección de animales». Esto es cierto, pero lo que no es verdadero es el extender esta acusación de un modo sistemático a los protectores de animales, a los antitaurinos en sí, como si la hipócrita actitud brotara de modo intrínseco en ellos a causa de unas ideologías que, al parecer, profesamos todos los críticos a la tauromaquia.

Así, según los acusadores, los enemigos del toreo claman por los animales «olvidándose de los parados, de los ancianos, del hambre y de los desasistidos, por no hablar de los abortos provocados»[165]. El libro del imprescindible P. Pereda abunda en ese tipo de acusaciones; ya vimos aquello del dolor que sentimos por una patada a un perrito, «un precioso lulú», mientras nuestro corazón permanece gélido ante una madre que no tiene medios para dar de comer a sus hijos. Decía este hombre para poner en evidencia a los denunciadores de la tauromaquia que hay que «salir al paso a ese sentimentalismo enfermizo, engendro de un teosofismo materialista», que provoca el que algunos hubieran deseado nacer animales «pues hubieran encontrado en la vida más cariño, mejor trato».[166]

---

[164] Cf P. PEREDA, o.c., pp 18-22
[165] Salvador CAYOL, a.c.
[166] P. PEREDA, o.c., p.139

Evidentemente esto ocurre. Ya vimos cómo el Catecismo de la Iglesia Católica advertía sobre esta inversión de afectos, estos desplazamientos y el destinar bienes de modo desproporcionado a ciertos animales olvidándose del prójimo. Esta advertencia de una deformidad espiritual se ha convertido, desde el ideologismo conservador de matriz cristiana, en una definición. Que es una falsedad como tal.

Un periodista de esa tendencia ideológica, que se distingue por seguir su propio y despreciativo *magisterio*, no el de la Iglesia de la que es hijo, en cuanto a la relación del cristianismo con el islam; que tuvo su momento de fama cuando se asoció con Boadella —ya que blasfemo por confesión propia, al menos hermano en la fe patriótica— durante lo acontecido en Cataluña con motivo del referéndum de 2017... En fin, un prototipo de este ideologismo conservador. En referencia a lo que tratamos aquí, escribía años atrás:

> «De camino a mi primera entrevista me cruzo con un joven que pide firmas y capta socios para Greenpeace. En ese momento lo único que pasa por mi mente es: "¿Qué coño hace este chico pidiendo firmas y dinero para las ballenas de la Antártida y los pollos de Ecuador, mientras en su ciudad hay gente que no tiene dónde dormir?"»[167]

Al tono burlesco (los pollos de Ecuador) con el que se pretende zanjar la cuestión se une la presunción de que ese chico, y todos los miembros de Greenpeace, desprecian a los pobres. Por ser de Greenpeace. Jaume Vives hablaba en este libro de unas experiencias vividas por él con gente de la calle... unas largas experiencias nos dicen también que la mayoría de los despreciadores de Greenpeace no se preocupa de los sin techo. Pero, en fin, mezcolanzas, gradaciones, contradicciones interiores al respecto, abundan en muchas personas. El problema, pues, es el hacer ideología identificativa con esto: defensores de animales,

---

[167] Jaume VIVES VIVES, *Las putas comen en la mesa del rey* (Ed. Círculo Rojo, Almería 2013) 34

luego personajes que relegan al hombre y en primer lugar, a los que sufren por la pobreza. Antitaurino, luego enemigo del hombre...

A los que predican esto y se confiesan católicos —y son muchos— se les puede decir, con la autoridad de la Iglesia, que no hay exclusión intrínseca entre el defender a los animales de los maltratos, de los exterminios, y el servir y defender al hombre. Hasta dar la vida. En verdad se puede acoger el espíritu que se le dio a San Francisco y que Dios dona a todos, y así besar leprosos y apartar insectos del camino para que no sean pisados. Y esto no se puede obviar. Se puede y debe propugnar la abolición de la tauromaquia a causa de un amor primero y universal que, al fin, se funde en uno solo: luchar apasionadamente por la dignidad del hombre, vivir el asombro por el mundo animal no consintiendo, por tanto, las crueldades gratuitas... y saber que el cometer esas crueldades daña asimismo esa dignidad del hombre.

La polémica sobre los derechos de los animales

La polémica al respecto es inevitable. Las filosofías biocéntricas están en boga. Desde ahí, desde este *destronar* al hombre en el concierto de los seres para introducirlo como uno más en la cadena de la vida, se combate el llamado especismo, una suerte de discriminación supremacista que conllevaría la explotación ilegítima de los animales. En torno a estas ideas fundamentales se habla, entonces, con diversos alcances y perspectivas de los «derechos animales». Personas como Singer[168], filósofo utilitarista defensor de unas cuantas aberraciones, o como Jesús Mosterín[169], o Pablo de Lora[170], y muchos otros bajo la idea de «liberación animal», defienden la existencia de tales derechos y su necesidad de reconocimiento.

Estas iniciativas e ideas propician que desde el ideologismo conservador basado pretendidamente en la fe cristiana se dé por

---

[168] Peter SINGER, *Liberación animal* (Taurus, 2018)

[169] Jesús MOSTERÍN, *Los derechos de los animales* (Debate, 1995)

[170] Pablo DE LORA, *Justicia para los animales. La ética más allá de la humanidad* (Alianza Editorial, 2003)

terminado el debate. No habría más que hablar. En el ámbito de la apologética taurina se llegan entonces a formular verdaderas y grandes tonterías objetivas... «Si empezamos a otorgar derechos a seres no racionales, acabaremos otorgando derechos a una coliflor, y por lo tanto nos moriremos de hambre», nos dice en artículo citado el señor Cabrera como director del Aula de Tauromaquia del CEU...

Las pretensiones ateas de muchos de esos pensadores ayudan a estos otros ideólogos a situar la polémica en términos definitorios absolutos: sería el propio ecologismo el que es así, la defensa de los animales, que denuncia la tortura taurina por ejemplo, conllevaría en sí el aceptar tales postulados existenciales. Se evitaría asimismo el valorar lo que de verdad contengan esas iniciativas, no en cuanto a sus respuestas cosmovisivas sino respecto a los retos morales verdaderos de las que han nacido las erradas respuestas. Por ejemplo, el destronar al hombre... Estos filósofos lo consideran obvio porque el tal hombre sería un animal más con grandes capacidades, que le habrían facilitado el explotar a sus semejantes, es decir, a los otros animales. Pero esta visión errada no elimina el hecho de que, según la visión cristiana, el hombre deba ser *destronado* de su tiranía. Tiranía motivada por fuerzas e impulsos reconocibles en el catálogo de conceptos reales específicamente religioso: por apropiación orgullosa de lo que no es suyo, sino de Dios, y por mal uso, despilfarro y destrucción de lo robado. A Dios.

El asunto de los derechos animales, focalizado en estos pensadores y en el ateísmo más práctico que teórico vigente en multitudes de corazones occidentalistas, sirve a los ideólogos conservadores de matriz cristiana para eludir todos los retos que respecto al mundo animal recoge como misión la propia Iglesia. Todas las bestialidades y abusos que páginas atrás hemos enumerado, no de modo exhaustivo pero sí elocuente, actos que precisamente suscitan un legítimo debate sobre los derechos de los animales, son exonerados de culpa por estos ideólogos escudándose en el ateísmo de los otros.

El debate no se debe eludir. Se puede situar en los parámetros de la antropología cristiana, de la teología de la Creación, de la teología moral... Por ejemplo, Juan Ramón

Lacadena, católico científico, promueve una publicación[171] con la aportación de varios autores que lleva por título precisamente «Los derechos de los animales», en la que se aborda, en animales capaces de emociones, el que de alguna manera sean «seres morales», no en el sentido estricto de agentes morales, pero sí de sujetos morales. Sólo análogamente, entre seres humanos existe esta concepción: niños pequeños, grandes discapacitados mentales, son sujetos morales pero no agentes morales.

Este científico, en referencia a esos derechos, especifica que tienen como reverso los deberes del hombre respecto a los animales, no en términos de beneficencia, sino de justicia hacia ellos.

Con ocasión de este debate hay muchos que niegan apasionadamente el uso del término «derechos», a fin de combatir en doble frente: por un lado, con tal negación, con la declaración de ilegitimidad de aplicar el término fuera de las personas humanas, pretenden manifestar su desacuerdo con esas filosofías negadoras de la trascendencia humana... a costa de los animales. Porque, por otro lado, con esas negaciones indignadas, se apartan, se muestran indiferentes respecto a todos los eventos desgraciados cometidos contra animales y que precisamente suscitan la aparición del concepto, de la reivindicación de reconocimiento de derechos en esas criaturas.

Con ocasión de este debate asomó hace años en ámbitos teológicos un concepto diferente que, sin embargo ya estaba presente formulado de otros modos en añejas teologías: los teoderechos. Dios, como garante de los derechos de las criaturas.

No vamos a adentrarnos ahora en este conflicto de términos y conceptos. Sólo opinar que el debate nos parece una estéril discusión sobre los sujetos de derecho. Pensamos que hay relación entre deber y derecho, y si el hombre debe respetar, si no tiene derecho a hacer sufrir, en el otro extremo están los sujetos a que se refieren tales deberes: animales que «tienen derecho» a ser respetados. Si estas nociones repugnan escolásticamente a alguien,

---

[171] Juan Ramón LACADENA (ed.), *Los derechos de los animales* (Desclée de Brouwer, Bilbao 2002)

póngase como *sujeto* con derecho a ser respetado, a Dios y a lo que es de Dios.

En el cuadro de estos términos, repetimos que el hombre no tiene derecho a la tauromaquia. Que los toros deben ser respetados, aun cuando se les destinara a ser sacrificados como alimento, como partícipes de unos ciclos vitales, de una cadena trófica que constituye en el eón presente la trama de la naturaleza viva. De ningún modo forma parte de esa trama vital un artificio sangriento montado por los inconscientes retorcimientos de la psicología humana. «Tienen derecho», pues, a vivir según el orden de la naturaleza, en el que la muerte de los vivientes hace vivir a otros. Vivir, no aplaudir con fruición ante el derramamiento de sangre.

CAP.- 6.
LAS BULAS PAPALES CONDENATORIAS DE LA TAUROMAQUIA: LIMITACIONES Y EQUÍVOCOS

El meollo de las condenaciones pontificias

Es una cuestión de coherencia el aclarar un poco esta cuestión. Hemos hecho alusión aquí varias veces a la bula condenatoria de las corridas de toros emitida por San Pío V en el siglo XVI, donde se decretaba incluso excomunión. Vimos que un eclesiástico antitaurino, Monseñor Caciani, pedía incluso el que se aplicara, en el siglo XX, esa bula, es decir, que la Iglesia excomulgara a los partícipes y responsables de las corridas de toros... Vemos que en las polémicas entre taurinos y antitaurinos, ambos suelen exhibir listas de «personas ilustres» que han defendido o atacado a esta práctica, y que entre los críticos a la misma se incluye en el listado habitual a gente como el propio San Pío V, o a Santo Tomás de Villanueva, el P. Mariana y otros tantos de aquellas épocas...

Ahora bien, hay que ser honrados: los críticos posteriores a aquella disputa, sobre todo desde el siglo XVIII hasta ahora, son —somos— movidos a manifestar nuestra disconformidad, nuestra oposición a la tauromaquia porque condenamos la provocación gratuita de sufrimiento a un animal pasible. Como hemos ido viendo en estas páginas, desde fundamentos muy diversos, con diversos alcances, pero bajo esta motivación principal. La disputa, tal como se desarrolló en el siglo XVI y en el siguiente, no obedecía

193

a este imperativo moral, y espiritual, el de respetar a los animales. El sufrimiento del toro, en la mayoría de los opositores a las corridas de aquel tiempo, estaba ausente.

En la historia de las bulas y breves intervinieron varios Papas: San Pío V, Gregorio XIII, Sixto V, Clemente VII, y más tarde Inocencio XI. La motivación de San Pío V cuando emitió la bula *De salutis gregis*, el 1 de noviembre de 1567, era que en aquellas corridas de toros moría gente. Prohibía explícitamente corridas y alanceamientos de toros comparando la costumbre con los duelos, y hablando de peligro de muerte y mutilación por exposición voluntaria e imprudente:

«Habiéndonos encomendado por divina disposición el cuidado de la grey del Señor, con todo empeño debemos procurar alejar de ella los peligros de cuerpo y alma. Y a este particular debemos decir que, aunque fue prohibido por el Concilio de Trento el detestable uso de los duelos, sabemos, sin embargo, que son todavía legión los que en muchas ciudades, en vano alarde de fuerza y audacia, en públicos y privados espectáculos, luchan incesantemente con toros de donde se siguen muertes, mutilaciones y peligros grandes para las almas. Considerando Nos despacio lo muy opuesto de tales exhibiciones a la piedad y caridad cristianas, y deseando que estos espectáculos tan torpes y cruentos, más de demonios que de hombres, queden abolidos en los pueblos cristianos, prohibimos bajo pena de excomunión, *ipso facto incurrenda*, (…)»

La bula sigue hablando de los destinatarios de la excomunión, que son todos los participantes y colaboradores «cualquiera que sea su dignidad, lo mismo eclesiástica que laical», incluso «regia o imperial»; continua con la disposición de la anulación de votos de correr toros… Pide a príncipes y a la jerarquía eclesiástica obediencia a esta disposición y que los obispos la publiquen y la hagan cumplir.

A pesar de estas amenazas y de que muchos obispos las secundaron excomulgando a diversas personas, la resistencia a la bula, comenzando por el rey Felipe II y otros tantos obispos, religiosos y teólogos, fue enorme. Este rey, años después, consigue que otro Papa, Gregorio XIII, publique una nueva bula, la *Exponi nobis*, publicada el 25 de agosto de 1585, de carácter mitigador: se sigue condenado la práctica, por los mismos motivos (no asoma aún la indignidad de hacer sufrir a un animal por diversión y muestra de talentos), pero se levantan las censuras y penas canónicas. Se permite a los laicos el participar y asistir a corridas, pero no en días festivos, aunque a los clérigos se les sigue amenazando con las mismas penas. Se pide, en fin, diligencia para evitar muertes. Tras el fallecimiento de este Papa, su sucesor, Sixto V, envía al obispo de Salamanca el breve *Nuper siquidem*, el 14 de abril de 1586, autorizándole e instándole a que se cumpliera lo prescrito en relación a los clérigos, quienes en gran número obviaban estas disposiciones.

El descontento por las limitaciones continuaba, y aunque el sucesor del papa Sixto, Gregorio XIV, aguantó las presiones de la corona española, el rey pudo al fin conseguir su objetivo con el nuevo Papa, Clemente VIII. Este hombre, mediante el breve *Suscpeti muneris*, de 3 de enero de 1596, anulaba en la práctica la bula de San Pío V y la de Gregorio XIII.

Clemente VIII, que sigue sin atisbar siquiera el problema moral y espiritual del sufrimiento animal gratuito, cediendo al rey y con la excusa del aluvión de argumentos venidos de teólogos que ponían en cuestión los presupuestos factuales que habrían movido a San Pío V, que hablaban de beneficioso entrenamiento militar, se escuda además en la tendencia del pueblo español, en «la propensión casi natural de los españoles a asistir a estos espectáculos, tan arraigada en los hombres de esas regiones que sólo con fuerza máxima podrían contrarrestarse». Mitigado hasta el extremo el argumento del peligro de muerte por imprudencia (ahora hablamos de esta historia), el Papa usa también el del mal menor: habría que usar de mucha violencia para desterrar la práctica. Asimismo, para no universalizar la cuestión, centra el problema en el gusto de «los españoles». Quedaba la prohibición para monjes y órdenes mendicantes, con lo cual Felipe II se había deshecho en verdad de las molestias ocasionadas por San Pío V.

No obstante todo este proceso, no quedaba canónicamente claro el asunto, y así, más de ochenta años después, el 21 de julio de 1680, el papa Inocencio XI enviaba al rey Carlos II un breve en que se pedía la supresión de las corridas haciendo mención a la bula de San Pío V.

En el actual debate antitaurino todo esto tiene un valor relativo. Quienes apoyaron a los Papas y quienes se opusieron centraron la disputa en los términos en que San Pío V la había situado: ilegitimidad de arriesgar la vida por imprudencia consciente. El animal, en la mayoría de ellos, no existía.

La resistencia fue notable. Los profesores de Salamanca, por ejemplo, continuaron esta resistencia de modo virulento también ante la segunda bula, porque prohibía la participación de clérigos. Se mezcló en la oposición, como casi siempre, el ideal con la pasión, y los intereses materiales, los equilibrios políticos, el contentar a los pueblos y no perder adhesiones, etc. En cuanto a lo material se puede hacer mención a la oposición mostrada por elementos pertenecientes al clero, órdenes religiosas, que tenían negocio de ganadería...

En la resistencia se perciben diversas actitudes: están quienes se oponen abiertamente a la bula y sus disposiciones. Así Fray Antonio de Córdoba, franciscano (ay!), Provincial de su Orden, de los primeros en desobedecer de modo provocativo: escribe un tratado en defensa de la costumbre, *De Difficillimis quaestionibus*, es advertido por el Papa a través del Nuncio, la intervención papal hace que no consiga licencia en España, consigue imprimir su libro en secreto en Venecia, y luego es introducido clandestinamente aquí.

Otros opositores intentan sortear los efectos de la bula de modo burlesco: ya que el Papa hablaba de «toros», en determinadas villas, y aun en la boda de Felipe II con Ana de Austria, se corrían vacas en vez de toros, o novillos, arguyendo que no eran «toros»...

Otros, querían hacer ver que la información que tenía el Papa sobre el peligro de muerte en tal actividad estaba exagerada, que las posibilidades de que esto ocurriera eran pocas. Muchos años después de que la bula fuese desactivada, y por la persistencia de algunos moralistas en condenar esos espectáculos por los mismos motivos, algunos echaban mano de ese argumento, el que en realidad las muertes eran muy escasas, usando para esto de razonamientos que se nos presentan como muy trágicos, porque testimonian la normalización inconsciente de la crueldad. Así Fray Gaspar de Villarroel, quien fuera desde 1637 obispo de Santiago de Chile, un hombre que no ha pasado a la historia ni por violento, ni por autoritario ni por cruel, y que, sin embargo, para defender a las corridas de toros tras sus reticencias iniciales, decía cosas como éstas:

«He visto a mil religiosos ir a ver a un ahorcado, y van otros tantos si degüellan a un caballero; aquí hay una muerte cierta y en los toros, muertes dudosas; aquí ven descabezar a un caballero, y allí, cuando mucho, estropear a un pícaro que, las más de las veces es menos su peligro que nuestro susto; ¿y acaso incurren en irregularidad alguna? Diránme que el que asiste a la ejecución de la justicia asiste a una obra virtuosa. Y yo pregunto: la de lidiar toros, ya dispensada, ¿puede llamarse ilícita?»[172]

Volviendo al contexto de la bula, muchos otros argumentaron no contra la doctrina del documento, sino contra la aplicación que el propio escrito papal hacía en relación a las corridas de toros. Es decir, admitían que no habría que permitir una costumbre en la que seres humanos podían perder la vida o la integridad, y de hecho algunos o muchos las perderían, a causa de una imprudencia culpable. Y entonces, argumentaban que el Papa estaba mal informado pues en las corridas que se celebraban en España no habría tal imprudencia, sino pericia y destreza. Por ahí discurren algunas de las tonterías patrioteras que se esgrimieron y a que en otro capítulo de esta reflexión hemos aludido: que en España no sería inmoral la práctica y en el resto del mundo sí porque los españoles son más bravos que los toros y, por tanto, no se manifestaría en el toreo esa imprudencia, la condenada por la bula.

Este era el argumento central: sin contradecir formalmente a la bula, señalar una visión deficiente en las acusaciones contenidas

---

[172] Cit en P. PEREDA, o.c., pp 101-102

en ella por errónea información, y por tanto y dado que la situación indicada por la bula no se daba aquí, ésta no sería aplicable. Si no hay imprudencia, no hay condenación. Si los peligros de muerte y mutilación, y los peligros para el alma por exponerse a esto o por formar parte de un público que asiste a esto, se pueden evitar, se evitan, entonces el objeto a condenar de la bula desaparece.

Así argumentaba Suárez, por ejemplo, y otros tantos canonistas y moralistas. Un razonamiento que ha perdurado en el tiempo para justificar, a la vez, a San Pío V y a las corridas de toros. Así, en 1885 y por ejemplo, el P. Pablo Villada. Y así, hasta nuestros días, en casi todos los apologetas de la tauromaquia cuando se confrontan en sus escritos a la bula de aquel Papa y las idas y venidas posteriores ocasionadas... hasta que todo se puso en su lugar... Sólo tienen que echar mano de acróbatas, trapecistas, pilotos y demás, para situar en el mismo lugar al ejercicio del toreo: medidas de la autoridad combinadas con destrezas profesionales para que la actividad no sea culpablemente imprudente en relación a la salvaguarda de la propia vida y la integridad.

Por supuesto, en aquella época las cosas no fueron tan claras como intentaban mostrar aquellos enemigos de la bula papal. En medio de aquellos intensos debates sobre la legitimidad de las corridas y sobre el asunto de la participación de clérigos[173], estaban, por un lado, quienes aceptaban sin reparos las acusaciones del Papa. Tenían en mente, por ejemplo, no sólo sus experiencias personales, sino la información que les llegaba sobre muertes y heridas acaecidas en tal actividad y aun el testimonio de quien gozaba de autoridad para ellos. Así, las palabras de Isabel la Católica, quien, muchos años antes de que comenzara la controversia mostraba sus reparos espirituales precisamente por los mismos motivos que años de después de su muerte moverían a San Pío V a actuar. Escribía

---

[173] Se discutía sobre la presencia de obispos o no; el que si los asistentes eran religiosos «de virtud y ciencia», y por eso debía ser tolerada la práctica, o, por el contrario, se ponía con esas asistencias en peligro el decoro religioso y el estado de perfección a quien eran llamados los prelados, los clérigos y religiosos... Se discutía el alcance de las prohibiciones y de las penas...

esta reina a su confesor Fray Hernando de Talavera tras presenciar la muerte de unos hombres:

«De los toros sentí lo que vos decís, aunque no alcancé tanto; mas luego allí propuse con toda determinación de nunca verlos en toda mi vida, ni ser en que se corran y no digo prohibirlos porque esto no es para mí a solas»

San Pío V no venía de la nada. Los detractores de las corridas de toros llevaban tiempo clamando. Antes y después de la bula encontramos protestas espirituales. «Y lo que es mayor error, hácese en honor a Santos en sus fiestas. Pensamos por ventura que con fiestas y placeres deshonestos habemos de agradar a los santos»[174], escribe en 1513 el catedrático de Salamanca y sacerdote Gabriel Alonso de Herrera. Así ha sido: ya lo indicamos antes aludiendo a las corridas con motivo de las fiestas de canonización de uno de los críticos, de los más severos, Santo Tomás de Villanueva. Para la canonización de Santa Teresa, más de doscientos toros... en las celebraciones por la canonización de San Ignacio, de san Isidro, San Francisco Javier, San Estanislao... toros... Traslados de reliquias, de imágenes, inauguraciones de capillas, concesiones de rezos: toros y más toros. Sin más criterio.

No sólo el arzobispo de Valencia, Santo Tomás, sino santos de talla universal, como San Francisco de Borja o San Juan de Ávila, perciben lo mismo que percibía el papa San Pío V, antes o después que él. Dice el Maestro Ávila en una de sus cartas dirigida a una persona son autoridad:

«Correr toros es cosa peligrosísima para la conciencia de quien los manda o da licencia para los correr, y a muchas personas doctas parece ser pecado mortal (...) Haga V.S.

---

[174] Gabriel ALONSO DE HERRERA, *Agricultura general* t.III (Imprenta Real, Madrid 1919) 528 (Corregida y adicionada por la Real Sociedad Económica Matritense)

lo que de su parte fuere, y si no pudiere más, habrá librado su ánima del peligro»[175]

La noción del papa Pío de que es imprudencia temeraria culpable que pone en grave peligro la vida y la integridad y que daña a las almas es compartida por una parte de los contendientes, no pocos de ellos tan famosos como sus opositores. El P. Mariana, Martín de Azpilcueta, Fray Francisco de Alcocer y muchos otros que piensan, con el canonista de Toledo Sánchez de Acre, que «las corridas de toros son el más inhumano de todos los espectáculos». El argumento central es la pérdida de vidas humanas. Evidentemente esto es contestado por los que piensan que la bula, o su aplicación al caso, es una equivocación. Que el valor de los españoles, la destreza de los que corren los toros, hace disminuir los riesgos de modo drástico y son una prueba de que no prima la imprudencia. Y entonces ambas facciones se acusan de mentir, y las cifras de muertos empiezan a bailar. Para Alcocer, el argumento papal es cierto; para Villarroel, tiempo después, no era correcto, no había pecado; otros, como Fray Henrique de Villalobos adoptan una postura media: ilícito según los casos, lícito si se guarda la prudencia.

Los críticos hablan de muertes frecuentes. El jesuita P. Pedro de Guzmán escribía en 1614 sobre el «juego de toros, que por lo menos se corren vez que no mueran dos o tres personas y a veces más»[176]:

«En Valladolid en el año de 1612, en unas fiestas de la Cruz, murieron en la plaza, corriéndose en ella unos toros, diez personas (…) muere en toda España un año con otro en estos ejercicios, doscientas y aun trescientas personas»[177]

[175] SAN JUAN DE ÁVILA, *Obras espirituales del Padre Maestro Beato Juan de Ávila* (es edición anterior a la canonización) (Apostolado de la Prensa, Madrid 1951) 537

[176] Pedro DE GUZMÁN S.I., *Bienes de el honesto trabajo y daños de la ociosidad* (Imprenta Real, Madrid) 243

[177] Ibid. pp 243-244

Luis Cabrera de Córdoba, en sus *Relaciones de las cosas sucedidas en la corte de España desde 1599 hasta 1614*, hablando de una corrida de toros celebrada en la Plaza Mayor de Madrid, ironiza escribiendo que «los toros fueron razonables. Mataron cinco o seis hombres e hirieron a muchos»[178]. Los detractores hacen referencia a lo sucedido en Cuenca, con siete muertos, algo que indigna al P. Mariana; a la masacre del 16 de agosto de 1609 en Bibarrambla, Granada, con 36 muertos... denuncian fiestas en que se suelta al toro por las calles sin previo aviso y sin preparar burladeros... E inciden en que la diversión y el atractivo ascendían en casos de muertos y heridos, de toros que no se dejaban batir sin antes haber hecho estropicio. El P. Mariana dice que el toro «agrada más cuando echa más hombres por el suelo, porque de otra manera, no hiriendo a ninguno se tiene la fiesta por cosa fría». Pedro Hurtado acusa: «los mejores toros son los que matan más gente», y su homónimo Tomás Hurtado, defensor de la costumbre, advierte sin embargo que «si se asiste a los toros con esa perversa intención de ver heridas y muertes, sería, a la verdad, *spectaculum daemonum, non hominum*»... Pero esto, que este Hurtado pone en condicional, es la acusación principal de aquellos opositores a las corridas: el convertir en espectáculo la vida de hombres en extremo peligro, «ver por pasatiempo derramar sangre humana», y, en el momento de la desgracia... «gime la plaza cuando el toro mató al peón, como llora el cocodrilo sobre el mismo que mató».

Pasada la tormenta de los documentos papales aún quedaron rescoldos de aquellos argumentos hasta que la polémica se configuró desde otras perspectivas morales. Efectivamente, en el siglo XVIII, San Alfonso María de Ligorio, con poca atención al asunto, sin embargo se suma en sus escritos a las viejas bulas pontificias. Cuando en 1808 se celebran corridas en San Luis de Potosí para sufragar la terminación del Santuario de Guadalupe, el prior de los carmelitas de allí, Fray Manuel de la Anunciación, se

---

[178] Cit en A. MARTÍN DEL OLMO, «Los toros en el siglo de oro»: *Historia y Vida* n.116 (nov. 1977) 95

niega a proporcionar toros de sus haciendas para no colaborar de esa forma a tales espectáculos.

Alguna polémica menor, con otros objetos morales — tampoco el sufrimiento animal— asoman de tanto en cuando. Por ejemplo, el famoso sacerdote integrista Félix Sardá y Salvany, cuando escribe que «no se disculpen las corridas de toros con fines benéficos, porque la caridad, valiéndose de espectáculos y sirviendo de pretexto para estos, es una caridad máscara, de cartón». Evidentemente, esto no era crítica a «los toros» y ni siquiera a los espectáculos, sino denuncia, oportuna o no, de hipocresías que usaban de la excusa de la caridad para halagar los propios gustos.

¿Qué queda entonces de aquellas controversias que nos pueda servir a los cristianos antitaurinos de ahora sin manipular la verdad? Porque ciertamente, aunque por ignorancia muchas veces, se practica manipulación cuando por reforzar la convicción antitaurina se busca el argumento de autoridad citando a San Pío V o a Santo Tomás de Villanueva, por ejemplo, quienes, por lo menos en su publica argumentación, no incluían en sus condenas la ilicitud del sufrimiento gratuito de los toros.

Un par de cosas se pueden rescatar. Por un lado, algo de remota aplicación en esas advertencias papales y de los otros. Si bien, obviando como problema el destino mismo de los animales, parece que los impugnadores de la bula al fin podían llevar razón, pues las muertes fueron disminuyendo de modo raudo hasta convertirse en verdaderamente escasas en relación con el número de corridas y, por tanto, el peligro masivo de «muertes y mutilaciones» denunciado por el Papa no se da… se puede percibir que el «peligro para las almas» de que asimismo hablaba persiste de alguna manera. Nos referimos, no a los toreros, sino al público. Ya lo tratamos páginas atrás: las exigencias venidas del público de acrecentamiento de peligro mortal, las indignaciones e iras expresadas cuando no se percibe esto con claridad, sí nos hablan de peligro para las almas. Como decíamos antes, esto, sin embargo, es una remotísima y debilísima posibilidad de aplicación de aquellas doctrinas condenatorias. Porque, para muchos aficionados y sinceramente, esas actitudes no serían consustanciales al toreo. De todos modos, creemos que si no consustanciales, la lírica del combate, la mitificación de la muerte, sí inducen a ello. La otra cosa rescatable es más indirecta aún. También lo hemos tratado en otro capítulo. Que, aunque ha cambiado el objeto moral del rechazo a la tauromaquia, las bulas nos recuerdan que cualquier tradición, costumbre o práctica ocasional humana debe ser confrontada con la verdad. Argumentos de autoridad o de tradición no se justifican por sí; hay órdenes de valores a los que se han de someter y no al contrario. Aquellos Papas, santos y teólogos creían que se ponía en juego el valor de la vida humana; hubo quien se opuso a esta idea, esgrimiendo lo que creía verdad que contradecía a aquella tesis, pero también hubo quien quiso zanjar la cuestión aduciendo que se trataba de costumbre nacional enraizada. Y eso, ayer, y ahora —cuando arrecia este argumento— no tiene autoridad para legitimar.

La emergencia del sufrimiento animal en aquellas disputas

Efectivamente, aún podemos rescatar de todo aquello otra cosa más, ésta sí acorde al espíritu de nuestra denuncia.

En otro capítulo, en el que queríamos contrastar la supuesta legitimidad de la tauromaquia con las actitudes de hermanos que, por su fe, rechazaban esta práctica, hicimos mención del agustino Fray Cristóbal de Fonseca, quien en el contexto que ahora nos ocupa destaca por fijarse en la crueldad ejercida contra los toros. Introducimos ese testimonio en aquel capítulo en que se desgranaban las referencias de modo cronológico, a modo de advertencia, junto a san Juan de Dios, de que en el propio siglo XVI ya había hermanos que condenaban estas prácticas a causa del sufrimiento animal. Pero en aquel contexto hubo más testigos motivados por ese espíritu. No quisimos hacer cita de ellos en aquel epígrafe porque necesitábamos utilizar sus testimonios aquí, en referencia a las condenas papales, las motivaciones de las mismas, las reacciones suscitadas, los argumentos preferentes de unos y de otros.

Es más que probable que en el alma de varios de los adherentes a la bula de San Pío V hubiera hueco para una alarma espiritual, no sólo por el asunto crucial de las imprudencias culpables en que la vida se ponía en juego por nada, sino, viendo el cuadro general de aquellos ejercicios, por las bestialidades cometidas contras criaturas de Dios... también por nada. Muchos de ellos sí tenían sensibilidad espiritual para ello, y, además, referencias asimismo espiritualmente autorizadas... San Francisco de Asís... Pero no vamos a especular con lo que podrían haber sentido, sufrido, y lo que podrían haber expresado al respecto.

Al fin, sí hubo hermanos que, sin rechazar aquella objeción basada en el poner la vida en peligro, antes bien, con ocasión de esta denuncia, protestaban asimismo por la crueldad contra las criaturas y así lo expresaron sin ambages. Antes hemos citado una carta de Isabel la Católica dirigida a su confesor, Fray Hernando de Talavera, en respuesta a otra que le había dirigido él. Allí, esta reina se muestra decidida a no participar de ningún modo en lo relacionado con tales costumbres, y se declara conforme a «lo que vos decís».

¿Y qué es lo que decía este hombre de fe?... «En una carta dirigida, precisamente, a Isabel la Católica, este importante personaje condena la cruel muerte de animales en determinadas diversiones populares»[179]. Efectivamente Fray Hernando de Talavera, en aquella carta, tras preguntarse: «Pues ¿qué diré de los toros?», y tras alarmarse porque «se ponen allí los hombres en peligro», añade, refiriéndose a los animales, que «es muestra de nuestra crueldad que así se embravece y se deleita en hacer mal, y agarrochar y matar tan crudamente a quien no tiene culpa»[180].

Antes hicimos mención de Alonso de Herrera y su alarma porque se mancillaran las fiestas en honor de los santos con este tipo de fiestas. Este hombre explicita también que la crueldad con

---

[179] Juan Ignacio CODINA SEGOVIA, «La protección animal en España: historia, pensamiento y cultura»: *Bajo Palabra, Revista de Filosofía* n.37 vol.2 (2024/12) 180

[180] Cit en Pedro ALCÁNTARA SUÁREZ Y MUÑANO, *Vida del Venerable D. Fray Hernando de Talavera primer arzobispo de Granada* (Imprenta de Eusebio Aguado, Madrid 1866) 136-137

estos animales ofende a Dios. En la obra citada afirma con convicción:

«Hácese, al contrario, mayormente en nuestra España: matan los toros con peligroso placer, echándoles lanzas y garrochas, como si fueran malhechores, no teniendo culpa (...) por Dios yo no alcanzo a saber que placer se puede haber de matar a lanzadas y cuchilladas una res de quien ningún mal se espera (...) Mas no lo callaré siquiera por satisfacer a mi conciencia, que Dios se ofende dello reciamente»[181]

Otro hermano de la época, Fray Luis de Escobar, declara como de «muy torpe crueldad, un animal inocente (el toro), matarlo tan cruelmente, por pura vanidad»[182]. En aquel mismo siglo XVI, el dramaturgo y poeta, Caballero de San Juan, Frey Damián de Vegas, denuncia en sus escritos estas crueldades:

«Por ver correr unos toros (espectáculo cruel no sólo a gente fiel más aún a turcos y moros) veréis venir los cristianos muy listos de muchas leguas, en sus caballos y yeguas, con rejones en las manos, para traspasar con ellos, las entrañas a porfía, de unas reses que Dios cría para su sustento de ellos. Ved que tochedad extraña poner gran felicidad en matar con crueldad una inocente alimaña»[183]

Ya en el siglo XVII, con la polémica taurina bien encendida aún, encontramos otro testigo más de este espíritu. Se trata de Francisco de Amaya, un jurista y humanista ligado al mundo universitario, quien, «en una de sus obras se pregunta retóricamente que cuál puede ser el placer que proporciona el acuchillar y herir animales en algunos festejos populares, y hacerlo todo por mera

---

[181] Gabriel ALONSO DE HERRERA, o.c, p.528
[182] Fray Luis DE ESCOBAR, «Respuesta a la pregunta CLXXVIII» en *Las quatrocientas respuestas a otras tantas preguntas* (Casa de Francisco Fernandez de Cordova, Valladolid 1550)
[183] Cit en Justo DE SANCHA, *Romancero y cancionero sagrados* (M. Rivadeneyra-BAE, Madrid 1872) 491

diversión»[184]. Efectivamente este hombre, tras adherirse al otro motivo condenatorio de las corridas de toros, es decir, a causa de su calificación como temeridad imprudente culpable, continua su alegato denunciando la crueldad con los animales:

«Fuera de esto (el ponerse en peligro por vanidad), qué gusto es ver agarrochar un toro, herirlo, acuchillarlo, partirlo, sin haber dado más ocasión que salir a la plaza por fuerza, cuando si él pudiera se fuera. Se mata cruelmente al toro, animal tan necesario al hombre, y que es como su compañero»[185]

Tras la época de esta guerra de las bulas (condenación, matización, mitigación, retractación, enterramiento y olvido...), no cesó la polémica. Poco a poco se fue abriendo paso la visión predominante de la inmoralidad objetiva que supone el ejercer crueldad gratuita con los animales. Para nosotros, cristianos, no sólo inmoralidad objetiva, sino anomalía espiritual en unos, por defecto, por carencia y falta de visión y horizontes; y en otros, degradación espiritual. Alegremente, pues, nos introducimos con nuestro propio bagaje en el torbellino de esta polémica sin fin. Y hasta hoy...

---

[184] Juan Ignacio CODINA SEGOVIA, a.c., p.180

[185] Francisco DE AMAYA, *Desengaños de los bienes humanos* (Oficina de Melchor Álvarez, Madrid 1681) 239-240

EPÍLOGO:
ANTITAURINOS DE FUNDAMENTOS
Y MODOS ESPECÍFICAMENTE CRISTIANOS

No es elitismo, ni sectarismo, sino una cuestión de fidelidad, de saber quién nos mueve. Esta conciencia de la propia identidad cristiana, en la medida en que de cabo a rabo está signada por un amor sobrenatural, es precisamente la que nos conduce al encuentro de hermanos que, viniendo de otras tradiciones religiosas o seguidores de las mociones de sus conciencias, confluyen con nosotros en determinas causas y en determinados espíritus que las vertebran y modelan los modos de actuar; en bondad y en libertad. En estos hermanos vemos la acción fecunda del Espíritu Santo.

Por tanto, ser fieles a lo que se nos ha dado. Somos cristianos, no como adjetivo especificativo del ser humanos, sino como explicativo. O mejor, como sustantivo. Insisto: es confesión de una identidad que quiere establecer lazos de amor con todos, incluso enemigos, no un confesionalismo ideológico que separa para imponer y produce orgullo.

En el movimiento antitaurino vemos, pues, desde esta perspectiva, tanto verdades luminosas como memeces y tonterías. Vemos también amores, y odios. Vemos muchos claroscuros, acercamientos a la verdad, y también planteamientos que al fin desdicen de la causa por los malignos fundamentos de los mismos, o por su adhesión a unas cuantas posturas que contradicen radicalmente el amor y la verdad.

Este epílogo, con el que culminamos esta reflexión, esta «impugnación desde la fe católica», sólo pretende decir que hay un posicionamiento antitaurino propio, espiritual, cristiano, distinto y muchas veces contrapuesto respecto a otras manifestaciones antitaurinas. De los fundamentos espirituales y cosmovisivos que dan razón de la postura ya hemos hablado de modo más extenso aquí... El hombre, la gracia, la condición sobrenatural como quicio de unión con los seres, las aproximaciones antrópicas de las criaturas, el saber que dignificar a los animales no rebaja al hombre, y que no se puede rebajar falsamente a las criaturas para ensalzar falsamente al hombre... Saberse custodios de la creación, no dueños tiránicos, saber que los derechos de los animales son los derechos de Dios en ellos, por ellos; acoger como misión inserta en la médula de nuestras vidas el extender la compasión, universalizarla, y, por tanto, combatir la crueldad... Y lo más desoído entre la mayoría de los cristianos, en lugar de afirmar la identidad en la unívoca queja sobre las desviaciones ideológicas percibidas en el movimiento ecologista y entre los defensores de animales... ser vanguardia de ese combate... Para lo cual, y viendo el estado de los espíritus, hace falta implorar milagros.

Bien, sabemos que desde el mundo taurino se lanzan sin cesar acusaciones a los antitaurinos. Todo un catálogo de epítetos por los que se podría identificar el alma de cualquier antitaurino. Sabemos que hay defensores de «la fiesta» a derecha e izquierda; sabemos también, que, en las formulaciones ideológicas apologéticas, prima el ideologismo conservador en el que, a su vez, se insertan históricamente argumentos en pro de esta práctica trufados de religiosidad. Por tanto, quienes objetamos precisamente a causa de nuestra fe, somos un blanco perfecto para que el catálogo de definiciones peyorativas caiga sobre nosotros... como incoherentes, sincretistas, hipócritas, compañeros de viaje, tontos útiles y el etcétera conocido.

Hay acusaciones que se dirigen a todo antitaurino: irrespetuoso de las tradiciones populares y enemigos de la cultura popular; sensibleros selectivos, pues el antitaurino sería cruel en otros escenarios, unos hipócritas que consiente en otras violencias; incluso, rizando el rizo, una acusación que, en el fondo es posible que no se la crean ni quienes la lanzan: que el antitaurino es realmente enemigo del bienestar de los animales... Además, seríamos todos instigadores de la extinción de los toros. Y por supuesto, las dos grandes acusaciones que los taurinos universalizan respecto a todos los objetores: incitadores del odio hacia toreros y aficionados, e intolerantes que no respetan la libertad de elección. Después, hay acusaciones más particularizadas, aunque también afectan a multitudes. Si en las anteriores suelen coincidir partidarios de «la fiesta» de derechas y de izquierdas, éstas otras provienen de la derecha conservadora: el antitaurino como antipatriota y calumniador de las esencias españolas, y aun como traidor a la patria y como enemigo de sus tradiciones identitarias; y el antitaurino como fanático animalista enemigo del hombre. Según el acta de acusación formulada por este sector mayoritario en la cultura de la tauromaquia, todo antitaurino es de izquierdas, y en ese grande y pequeño mezquino mundo de la política mundana, la acusación de ser de «los otros», respectivamente, lo aclararía todo. Obvio: «nosotros» somos mejores, honrados, eficientes, estamos en el lado correcto, y «los otros» no.

Además, y como sector especializado y muy presente al interior del conservadurismo español, está la derecha *católica*, y esto sí nos afecta más. Porque su específica tabla de acusaciones dice explícitamente que quienes nos manifestamos como antitaurinos no somos, no podemos ser realmente cristianos. Y si conceden que alguno lo sea, es que es tonto, o no se ha enterado de la cuestión por algún otro motivo por el que se podría atenuar —¡y aun exonerar!— la acusación de estulto. La tabla en cuestión dice que el antitaurino es, por serlo, materialista, un animalista no ya enemigo de las prioridades humanas, sino negador de la condición espiritual del hombre; sería, además enemigo de las tradiciones populares por ser enemigo de la religión, de la Iglesia concretamente... Por supuesto y en relación a los acotamientos reduccionistas con que se concibe la moral en estos sectores, el antitaurino sería moralmente relativista y en particular, sería abortista. Ateo, por supuesto...

Bueno, una reivindicación de antitaurinismo específicamente cristiano tiene que hacer frente, sobre todo, a este tipo de juicios. Decir, en primer lugar, que, evidentemente sabemos que muchos antitaurinos cuadran con ese tipo de definiciones... Literalmente: ateo anticristiano, burlón relativista. Pero estos taurinos que pretenden hacer *teología* al acusar a los antitaurinos de «izquierdistas enemigos de la religión» se suelen guardar que entre los aficionados ilustres, y por tanto con influjo social refrendador de «la fiesta», hay «izquierdistas enemigos de la religión».

Efectivamente, históricos de izquierda, o similar, en sentido amplio, pertenecientes al mundo de la política y, sobre todo, de la cultura, muchos de ellos destacados por sus obsesiones anticristianas: desde un Alfonso Guerra o Enrique Múgica o Corcuera, hasta Picasso, Hemingway, Alberti, Dragó antes de hacerse facha, Savater, Sabina, Gala... y el dios posmoderno absurdamente incensado, señor Almodóvar. Este hombre, icono progresista que a día de hoy sigue sin percatarse del leitmotiv de su existencia, mimado hasta el ridículo por la cultura dominante, columna de la misma por su visión de la sexualidad, la religiosidad, las drogas, la estética morbosa, la blasfemia... tiene a su vez la obsesión de «los toros». Y fue denunciado por ello en 2001, cuando para rodar escenas de la película *Hable con ella* un alumno de una Escuela de Tauromaquia disfrazado de torero mató a cuatro toros de mala manera, según los testigos que hablaron con Amnistía Animal-Comunidad de Madrid, entidad denunciante.

La especificidad de una actitud antitaurina a causa de la fe exige el dar razón de nuestra esperanza. En primer lugar, desconfiar de un habitual argumento antitaurino que, obviamente, usan del mismo modo los apologistas de «la fiesta»: el argumento de autoridad, los famosos listados de personajes célebres que se manifestaron o se manifiestan en contra, o a favor, de la tauromaquia. Es normal encontrar esos listados en artículos o libros que versan sobre este drama, y, ahora, en redes sociales el uso de este argumento se ha disparado. El problema de tal argumento es que en verdad no lo es. Sus carencias tienen varias dimensiones.

Por un lado, en los listados de personajes que han criticado, cuestionado, la tauromaquia, vemos motivaciones distintas, muy distintas entre ellos. En algunas de estas motivaciones la mayoría de los críticos actuales no se vería reflejado, luego el único valor que tienen sería, de modo objetivamente poco honesto, el inflar la lista de celebridades. Además de las motivaciones, están los fundamentos y los modos que han movido y expresado los integrantes de esas listas: fe o negación virulenta de la fe, violencia o no violencia... es decir, posturas que por exclusión mutua no parece tengan poder argumentativo; sólo el decir, al fin, que hay gente diversa que no aprueba la práctica: si el aficionado pregunta el por qué no la aprueban, ahí se acaba el argumento, pues el otro necesita oír razones profundas y coherentes, no postulados que se contradicen entre sí.

Otro problema de los listados es su credibilidad... Personas como Blasco Ibáñez[186] o Marañón suelen salir en ambos lados de la lista, según quien la publique. El caso de Lope de Vega es paradigmático al respecto. Se le suele citar en los listados de antitaurinos acompañando su nombre con estos versos: «No falta razón / que esta fiesta bruta / sólo ha quedado en España / y no hay nación que una cosa / tan bárbara e inhumana / si no es España consienta». Aparte de que, como hemos visto en el último capítulo, estas palabras no aclararían las motivaciones del objetante, es decir, si la «inhumanidad» se refiere a lo que se hace con el animal o a los numerosos percances sangrientos de que eran víctimas personas participantes... es que hay estudiosos que afirman que tales versos no pueden haber salido de la pluma de Lope de Vega y que, por tanto «parecen interpolados»[187]. Efectivamente, Martín del Olmo, en el artículo citado «Los toros en el siglo de oro», repasa la actitud favorable a la práctica de numerosos autores de la época, y respecto a Lope de Vega cita muchos pasajes de sus obras en que se manifiesta no sólo conocimiento personal y extenso sobre el tema,

---

[186] Por ejemplo, en el libro de Juan Ignacio CODINA *Pan y toros. Breve historia del pensamiento antitaurino español* (Plaza y Valdés Editores, Madrid 2018), Blasco Ibáñez está situado en el lado de los críticos, pero en el artículo de Enrique DE OBREGÓN «Zoohistoria de España» (*Historia y Vida* n.147 [Junio 1980]), se le pone en la lista de los defensores.

[187] A. MARTÍN DEL OLMO, a.c., p.97

sino clara simpatía. Por lo que concluye que esos versos con afirmaciones condenatorias tajantes no son obra suya.

Sea como fuere, el listado de críticos, para un antitaurino cristiano que quiere dar razón de su actitud, tiene un valor muy limitado. Se pueden escudriñar en la lista elementos valiosos, cuando por comunión en la fe, o por, respecto a no cristianos, confluencia en la verdad, se puedan esgrimir los argumentos de algunos de estos personajes. Pero la fuerza del testimonio recae en las convicciones expresadas, no en ese batiburrillo confuso de nombres famosos con que se pretende dar autoridad a la postura. Lo mismo hacen los otros.

La especificidad de la actitud antitaurina por motivos cristianos nos dice entonces que frente a las acusaciones de la derecha *católica* que pregona las esencias sacras de esta práctica, para ser antitaurino:

No hace falta ser izquierdista, irreligioso, ateo, relativista, abortista. Tan sencillo como declarar como autor de este libro que soy antitaurino y no soy ninguna de estas cosas.

No hace falta participar en performances de previa antropología más que cuestionable en que para protestar haya que ponerse en pelotas embadurnado de rojo.

No hace falta ser un «animalista antiespecista» que no conoce al ser humano, ni alinearse, por tanto, en las filas de Desmond Morris, de Peter Singer o de Jesús Mosterín et alia...

No hace falta usar de demagogia y de bulos para engordar la lista de barbaridades que se cometen en el ruedo. Las tonterías que escribió al respecto en el siglo XVII, v.gr., la Condesa D'Aulnoy en su libro *Un viaje por España*, en que se hablaba de muertos y más muertos y de costumbres inexistentes en relación a los toros bravos, provocó la publicación de otro libro titulado *Fantasías y Realidades del viaje a Madrid de la Condesa D'Aulnoy* para refutar a esta señora e intentar demostrar que ni siquiera habría asistido a la corrida de toros que describía. En todo caso el bulo, ayer como ahora, refuerza a la tauromaquia. Y ante todo, falta a la verdad. Para una denuncia que brota de la vida que engendra la fe, este aspecto es fundamental.

No hace falta, en fin, odiar, despreciar, insultar a los toreros, desear que sufran cogidas, alegrase por ello... Esto debe afirmarse con rotundidad: esta negación, ese «no hace falta», no es una concesión, no es una muestra de *buena educación* (sea lo que fuere eso), sino la consecuencia de un amor primero.

El odio alimenta la demagogia, es aliado entonces de la mentira. Así, los que pregonan que los toreros tienen alma de asesinos... O quienes a causa de su odio llevan su desprecio al extremo, y entonces niegan a los toreros sistemáticamente cualquier valía humana, sus virtudes... El odio conduce a algunos a la acción, no ya la acción soterrada que se manifiesta en las redes sociales con inusitada virulencia, ni las amenazas de bomba, falsas, claro, sino a pegar a aficionados o a insultarlos directamente, en presencia física.

Se puede entender el arrebato de una Concepción Arenal, quien en su aversión a «la fiesta» la describe con figuras como ésta: «en la plaza de toros hay una fiera, pero no es el toro». Pero no se puede compartir la valoración de Borges. Porque no es cierta, y su falta de verdad, como decíamos, se alía con el desprecio... Si estamos de acuerdo con él en que «la tauromaquia es una de las formas vigentes de barbarie», no podemos comulgar con lo que sigue: «en cuanto a la figura del torero, creo que es esencialmente un cobarde».

Esta reivindicación sobre una especificidad antitaurina de carácter cristiana sabe que está abierta a cualquiera, cristiano o no, que acoge unas mociones interiores venidas del Espíritu Santo y que, por tanto, se manifiestan según sus dones. Esto significa abolir el odio desde el principio, por principio, y desautorizarlo en el propio interior apenas quiera brotar. En el caso que nos ocupa, la tauromaquia, el asunto del relativo anonimato de las redes sociales y, sobre todo, la facilidad impune a que invita, produce aluviones de expresiones y juicios cargados de odio venidos de ambos contendientes.

Al respecto hay que recordar un desgraciado caso ocurrido hace varios años. Un niño de ocho años llamado Adrián y enfermo terminal de cáncer, que soñaba con ser torero. Le hicieron un homenaje en una plaza de toros, participó en el paseíllo, dio la vuelta al ruedo, fue aplaudido, etc. El niño estaba feliz, claro está... Pero, luego, inmediatamente, se produjo una reacción en las redes sociales protagonizada por personas que se manifestaban como antitaurinos, en la que se insultaba gravemente a este niño de ocho años, se le deseaba la muerte, se reían de él y su enfermedad, se le llamaba asesino... hay que imaginar el dolor de sus padres... Era el mismo tono de estos antitaurinos cuando también manifiestan en sus mensajes de redes sus alegrías y sus ocurrencias en las cogidas de toreros y en la muerte de alguno de ellos, pero evidentemente agravado todo, y muy llamativo, por el objeto de su odio: un niño de ocho años gravemente enfermo de cáncer.

Esto originó, a su vez, que en los medios conservadores y ultraconservadores, no sólo se condenaran estas actitudes brutales, sino que se aprovechara la ocasión para definir a las actitudes antitaurinas, en sí, como productoras de estas violencias y odios. Unos medios de comunicación que al igual que sus enemigos no creen ni en la no violencia, ni en el amor como elemento vertebrador de la acción política y social. Esta historia de odio tuvo sin embargo contrapuntos de amor. Que no fueron aireados por los medios de comunicación con el mismo interés: sólo unos meses después de recibir una paliza en Las Ventas, el antitaurino Óscar del Castillo, responsable del grupo «Gladiadores por la Paz», junto a otros dos activistas, saltaron al ruedo en Zaragoza el 14 de octubre de 2016 para apoyar a Adrián, el niño al que otros antitaurinos habían insultado. El grupo, apoyado por Amnistía Animal, con una camiseta en que se leía «Adrián, te vas a curar», quería manifestar su rechazo por toda violencia, especialmente la ejercida contra niños. En el deseo de que «cuando Adrián sea mayor luche por salvar vidas y no por quitarlas», este grupo de personas antitaurinas expresaban que una causa tan pasional como la que suscita la tauromaquia puede excluir el odio. Debe excluir el odio.

Por nuestra parte aquí culminamos, por ahora, estas reflexiones y propuestas espirituales a que nos ha conducido este debatido asunto, no sólo emocionalmente, sino en que se evidencian visiones existenciales grávidas de fundamentos determinantes, de consecuencias, de horizontes.

Salud.

EDITORIAL ANAWIM

Quiénes somos

Sencillamente somos un pequeño grupo de cristianos, católicos, que hemos conocido el Amor de Dios. No sólo a nosotros sino a toda persona llamada a la existencia... y en un misterio cósmico que un día se revelará tras los dolores de parto, un Amor que envuelve y transfigura a toda criatura.

Esta vivencia, que ya ha trastocado todas nuestras vidas, es el motor de esta pequeña editorial. Una editorial que quiere estar atenta a los dolores del mundo, a ese caudal de sufrimiento que nadie puede calcular. Y a los destellos de belleza y de bondad que asoman por doquier, y a las esperanzas y alegrías de todas las gentes.

Qué pretendemos

En comunión con la Iglesia, con la conciencia de que sus llamadas más candentes, más ardientes, más comprometedoras, son desconocidas o situadas en un segundo plano en el alma de muchos hermanos. Así pues, una editorial para intentar, humildemente y confiando en la acción misteriosa de la Providencia, dar luz sobre unas «enseñanzas sociales» transidas de amor sobrenatural y de un lenguaje religioso personalista que remite al Señor de la Historia, Jesucristo...

Antiguas inquietudes que conservan todo su valor y vigor originales; personajes desconocidos, sorprendentemente desconocidos, y cuyas vidas son como una inaudita bocanada de esperanza y de verdad; nuevos retos, profundos, complejos, reducidos al fin a la sencillez de la respuesta del amor a cada cual... Todo con sabor a rebeldía, a disidencia, a la alegría del abandono en Dios a través de las luchas por un mundo justo y pacificado, hermanado a la sombra del Padre.

Todas las batallas que el papa Francisco ha expresado en la encíclica *Fratelli tutti*, todos los ámbitos de relación, con Dios, consigo, con los otros, con el universo... La no violencia activa y orante; la lucha por la paz; la justicia y la mística de la revolución social; el amor preferente por los últimos y los descartados; el inmenso y acallado mundo de los presos y prisioneros; los pueblos indígenas como custodios de sabidurías y últimos guardianes del paraíso acosado por la destrucción; las víctimas de los racismos y los combates por el honor y la libertad de todos; el universo de los adictos que aboca a los amores gratuitos; la dignidad de la mujer y el despliegue de todas sus específicas potencialidades; la complejísima e irresoluble cuestión de la identidad de los pueblos y el universalismo, solo abordable desde el espíritu con el que el Espíritu ungió a Gandhi; el mundo de las discapacidades y la justicia social y la voz que nos dice miremos a la persona en sí; los retos de la bioética desvinculados tanto de blasfemas sumisiones a la cultura dominante y sus leyes como de encorsetamientos conservadores... Y el ecumenismo de la pasión por el hombre, que nos conduce a encontrarnos en los caminos del sufrimiento con los hermanos separados. Y el rastrear huellas del Espíritu allí donde se manifiesten, en las religiones, en las culturas... El misterio de Israel, la fraternidad sobrenatural con las gentes del islam... Y la belleza de la Creación, el desafío de la suciedad, la desarmonía, la extinción... Una mirada de tensión universal desde el misterio de la Iglesia, donde se abisman y se sacramentalizan los anhelos verdaderos de todo hombre y mujer, en todas las edades y latitudes.

Unos modos

Entonces... desproporción absoluta: desde la insignificancia y la pequeñez, pretensiones totales, querer llegar a escalar en medio de cánticos subversivos «las colinas creadoras de la protesta» (Martin Luther King), rodeados de una nube de testigos, como dice la Escritura.

Y en esta pequeñez agraciada cuidar los signos: un espíritu no lucrativo, querer ayudar a otros, si Dios lo permite y lo bendice, mediante la creación de trabajos vinculados a la marcha de la editorial. Permitir, por supuesto, la reproducción total o parcial de lo publicado. Usar de materiales lo más respetuosos posible de los dinamismos vitales de la «Hermana Madre Tierra» (San Francisco). Estar abiertos a la sorpresa respecto a las iniciativas.

OTROS TÍTULOS DE LA EDITORIAL